Gerhard R. Koch

Theodor W. Adorno

Gründer, Gönner und Gelehrte

Biographienreihe der
Goethe-Universität Frankfurt am Main

Herausgegeben von der
Goethe-Universität Frankfurt am Main

SOCIETÄTS
VERLAG

Die Erstellung dieser Biographie wurde gefördert von der Georg und Franziska Speyer'schen Hochschulstiftung, Frankfurt am Main.

Gerhard R. Koch

Theodor W. Adorno

Philosoph, Musiker,
pessimistischer Aufklärer

Inhalt

Geleitwort

Ob Verfechter einer marxistisch orientierten Wissenschaftsmethode, religiöse Sozialisten, Gestaltpsychologen, Psychoanalytiker, Kulturmorphologen oder Anhänger des Dichters Stefan George – im Frankfurt der 1920er Jahre traf sich die Avantgarde, um sich teils heftige Dispute zu liefern, dabei aber stets bedacht auf Originalität und Qualität. Binnen kurzer Zeit avancierte damals die Stadt zu einem Zentrum intellektueller Auseinandersetzung, hervorgerufen durch die vielen, konträren gesellschaftlichen und künstlerischen Strömungen, die an dem liberalen, vom freigeistigen Bürgersinn geprägten Ort entstehen konnten und so letztlich auch 1914 zur Gründung der Goethe-Universität, geführt hatten.

Unter der Professorenschaft der jungen Stiftungsuniversität befanden sich zahlreiche Gelehrte jüdischer Herkunft. Jene zog nicht nur die intellektuelle Offenheit der Universität an; sie erfuhren hier auch weniger Gängelungen als anderswo in Preußen. So hatte die Universität in vielfacher Hinsicht Laborcharakter für die Moderne. Dazu gehörte auch das 1924 eröffnete Institut für Sozialforschung, gestiftet von Hermann Weil, dessen Sohn Felix in den intellektuellen Zirkeln der Stadt zuhause war. Seit den 1950er Jahren sind dieses Institut und die Kritische Theorie besonders mit zwei Namen verbunden: Theodor W. Adorno und Max Horkheimer (zu ihm erscheint 2014 ein Band in dieser Reihe).

Theodor Wiesengrund-Adorno war Sohn eines jüdischen Weingroßhändlers und einer Sängerin. Als er 1921 das Studium der Philosophie, Musik und Psychologie in Frankfurt aufnahm, traf er mitten in diese Atmosphäre der großen gesellschaftlichen

Richtungsdebatten. Selbst erregte er wenig später Aufsehen mit seiner beeindruckenden Produktivität als Philosoph und Soziologe, aber auch als Musik-Ästhetiker. Wie Gerhard R. Koch, der Autor dieser Biographie, beschreibt, verstand es Adorno, philosophische Reflexion in der linkshegelianischen Tradition mit gesellschaftlicher Theorie und musikkritischer Praxis zu verknüpfen; so gelang es ihm, einen Bogen zwischen sich widerstreitenden, teils sogar ausschließenden Positionen zu spannen, wie es die von Marx, Freud und der kompositorischen Avantgarde waren.

Hitlers Machtergreifung 1933 hinterließ auch in Frankfurt Spuren: Ein Drittel der Frankfurter Wissenschaftler sahen sich durch die NS-Diktatur gezwungen zu emigrieren, darunter auch Adorno und sein älterer, engster wissenschaftlicher Wegbegleiter Horkheimer. Nach dem Krieg kehrten beide aus dem kalifornischen Exil zurück, und es begann eine unvergleichlich fruchtbare Phase für Adorno, das „Genie in einer Zeit des Übergangs" (Horkheimer), für die Universität und den intellektuellen Diskurs insgesamt. Die Kritische Theorie sollte bald Triebkraft für die weitere Entwicklung der Bundesrepublik gewinnen. Bis heute spielt Adorno weltweit in gesellschaftskritischen und ästhetischen Debatten eine bedeutende Rolle; diese durchziehen seine Motive aus der „Dialektik der Aufklärung", den „Minima Moralia" sowie den vielfältigen musiktheoretische Schriften mit ihrer produktiv verunsichernden Ausstrahlung.

Welcher Glanz jedoch von Adornos Lehrtätigkeit ausging, ist für viele heute nicht mehr nachvollziehbar. Fotos von Barbara Klemm, Abisag Tüllmann, Stefan Moses und anderen zeugen noch von den einmaligen Momenten: Wie Hunderte Studierende Adornos Podium umlagerten, wie seine Vorlesungen und Seminare Kultstatus erlangten und nächtelang diskutiert wurde. Adorno genoss – zumindest zeitweise – seine Rolle als intellektuelle Zentralgestalt, daran änderte auch einer seiner Titel „Ohne Leitbild" wenig.

Trotzdem geriet Adorno gegen Ende seines Lebens in erhebliche Konflikte mit den Studenten von SDS und APO, die das radikale Denken des Philosophen in unmittelbar revolutionäre Aufbrüche und Umbrüche münden lassen wollten. Adorno hingegen beharrte auf der Trennung von Theorie und Praxis, auch das belegen Fotos dieser Zeit. Doch seine Bedeutung für die linksliberale Kultur der Bundesrepublik war und bleibt eminent.

Ein Augenzeuge Adornos legendärer Auftritte in Hörsaal V ist der Autor der Biographie, Gerhard R. Koch; er studierte Germanistik, Geschichte, Musikwissenschaft, Philosophie und Soziologie an der Goethe-Universität und wandte sich später als Journalist der Musik zu. Von 1976 bis 2003 prägte er das Feuilleton der Frankfurter Allgemeinen Zeitung mit. Koch ist ein ausgewiesener Kenner von Adornos Schriften, nicht nur seiner Musikästhetik.

Gerhard R. Koch gilt besonderer Dank. Er nahm das Wagnis auf sich, den vielfältigen und fundierten Adorno-Biographien, die zum 100. Geburtstag des Gelehrten 2003 erschienen sind, zehn Jahre später eine weitere hinzuzufügen, diesmal aus dem Blickwinkel des intellektuellen Beobachters und Feuilletonisten. Erhebliche Impulse und Anregungen für dieses Buch kamen von Professor Michael Stolleis, für die zügige Umsetzung und profunde Bildrecherche sorgte Ulrike Jaspers; auch ihnen gebührt mein Dank ebenso wie Dr. René Heinen vom Frankfurter Societäts-Verlag. Er hat das Projekt nicht nur verlegerisch betreut, sondern hat an dem komplexen Thema auch inhaltlich Anteil genommen. Nicht zuletzt sei der Georg und Franziska Speyer'schen Hochschulstiftung für die großzügige Zuwendung gedankt, die diesen Band in unserer Biographienreihe „Gründer, Gönner und Gelehrte" ermöglicht hat.

Professor Dr. Werner Müller-Esterl
Präsident der Goethe-Universität

Einleitung

Wer auch immer es unternimmt, noch oder schon wieder ein Buch über Adorno schreiben zu wollen, lässt sich auf ein riskantes, wenn nicht hybrides Unterfangen ein. Zunächst einmal existiert eine kaum mehr überblickbare Fülle von Literatur der verschiedensten Art: biographische, monographische, Einzelaspekten gewidmete. Neue Fakten zu Leben und Werk entdecken zu wollen, scheint einigermaßen illusionär. Aber auch exegetisch ist schon vieles abgedeckt. Die Chancen, substanziell Eigenes, Neues zu präsentieren, sind begrenzt. Schon der Anspruch auf völlige Originalität hätte sein leicht Hochstaplerisches.

Trotz allem scheint der Zeitpunkt der Arbeit nicht ungünstig, und dies aus sowohl objektiven als auch subjektiven Gründen. Zwar ist Adorno im August 1969 gestorben, also schon zeitlich entrückt, damit aber noch keinesfalls zur historischen Figur geworden. Denn nach wie vor löst allein schon sein Name Kontroversen aus, Konflikte über „Richtiges" und „Falsches", Animositäten, Unterstellungen und Ressentiments. Und zumal ab den neunziger Jahren ist es geradezu Mode geworden, die Achtundsechziger insgesamt zu schmähen – und mit ihnen deren angebliche Galionsfigur, eben Adorno. Heute noch oder schon wieder werden manche Errungenschaften der Achtundsechziger, ohne die das gegenwärtige Leben weit ärmlicher wäre, als ausschließlich zerstörerisch denunziert – und analog Adorno als Anstifter zu allem Übel, gar einstiger „Verderber der Jugend". Und die Verfechter neuer Kunst, vor allem Musik, sogar mit dem Namenskalauer „Adorniten" abzutun, ist leider wieder möglich. Da einiges zurechtzurücken, ist dringend an der Zeit. Was mitnichten heißen soll, dass die Aura des „Kirchenvaters“ restituiert werden soll. Im Gegenteil: Gerade auch die Brüche und Widersprüche, mäandernden Entwicklungen von Person, Œuvre und Wirkungsgeschichte gilt es aufzuzeigen – pure Hagiographie ist wenig fruchtbar.

Dazu gehört nicht zuletzt, dass Adorno ein außerordentlich „schwieriger“ Autor ist, überaus komplex in der Sache, höchst anspruchsvoll in der Sprachgestalt. Wer an ihm Kritik üben will, sollte dies auf einem halbwegs angemessenen Niveau tun, das zu erreichen und zu wahren alles andere als einfach oder gar selbstverständlich ist. Diese ambivalente Mischung aus mittlerweile historisch-biographischer Distanz und immer noch und schon wieder aufblitzender inhaltlicher Aktualität macht die neuerliche Auseinandersetzung spannend, attraktiv. Was sich nicht minder auf die Situation des Schreibenden auswirkt, der sich seit den späten fünfziger Jahren bis heute mit Adorno befasst, dessen Vorlesungen und Seminare besucht, zahlreiche Vorträge und Diskussionen miterlebt hat, ihm sogar als Komponisten und Pianisten in eigener Sache begegnet ist. Abgesehen natürlich von der Lektüre. Mich regelrecht als „Schüler“ zu bezeichnen, käme mir nicht in den Sinn. Insofern betrachte ich das Verhältnis von Nähe und Ferne als angenehm stimulierend, so dass ich es kaum sinnvoll fände, mich aufs dezidiert Biographische einer schon „historisch“ gewordenen Figur zu beschränken. Dafür ist der Diskurs immer noch zu intensiv.

Überdies bin ich kein Wissenschaftler, sondern Journalist, Publizist, in der Hauptsache Musikkritiker, also einer Sphäre verbunden, die für Adorno in vielerlei Hinsicht essenziell war. Apart immerhin kommt es mir vor, dass Adorno und ich als Frankfurter Musikkritiker angefangen haben. Jegliche weitere Analogie wäre megalomane Anmaßung. Der Kunstkritiker allerdings, der seine Sache ernst nimmt, operiert nicht immer nur als Rezensent: Seine Tentakeln reichen auch auf die Felder von Wissenschaft und Kunst. Meine Faszination für Adorno hat auch da ihre Bezugspunkte.

Gerade weil Adorno alles andere als eine nur mehr historische Figur ist, verbietet sich die traditionelle Biographie als hauptsächlich additiv lineare Narration ebenso wie die schematische Trennung von Leben und Werk. Exkurse, Querverweise, Vor- und Rückblenden, das womöglich selbst spekulative Widerspiel von Synthese und fragmentarischem Charakter dürften zumindest der Komplexität der Figur eher gerecht werden.

Durchstreift man die großen Kunstmuseen, etwa in Wien, Paris, Madrid, London, New York oder St. Petersburg, so stößt man auf Hinweise wie: „flämische", „böhmische" oder „venezianische" Schule. Eine Region, wenn nicht Stadt wird zum Synonym für eine bestimmte, mitunter sogar epochal prägende künstlerische Richtung, Tradition, auch Qualität; mag sie nun mit einem einzelnen „Meister" oder einem womöglich anonymen Kollektiv verbunden sein. Erst recht haben die erste „Wiener Schule" (Mozart, Haydn, Beethoven) wie die zweite (Schönberg, Berg, Webern) Bild und Gang der Musikgeschichte entscheidend geprägt.

Ab 1945 entstanden, nicht zufällig in Hessen, zwei geistige Zentren von entschieden überregionaler, ja internationaler Ausstrahlung: die Darmstädter Ferienkurse für Neue Musik, die zum Inbegriff radikaler Avantgarde, zur Hochburg des „seriellen" Konstruktivismus wurden – und die Frankfurter Schule, in der Philosophie und Sozialforschung ein einmaliges Amalgam eingingen. Und für beide Institutionen wurde eine Figur zum bedeutenden Motivator: Theodor W. Adorno. Ja, „Darmstädter" wie „Frankfurter Schule" standen gleicherma-

Wahrheit wie Musik ertasten: Vor allem in seinen Anfängen fühlte sich Adorno gleichermaßen zu Philosophie wie Komposition hingezogen. Zeitlebens aber blieb die Liebe zu seinem Flügel. Er war ein guter Klavierspieler, der sogar seine eigenen, pianistisch schwierigen Lieder öffentlich begleitete.

ßen exemplarisch für Fortschrittlichkeit schlechthin. Nun haftet dem Begriff „Schule" einige Ambivalenz an: Als pädagogische Institution dient sie der Vermittlung von Lehr-Inhalten an wie auch immer Auszubildende, hat darin also die soziale Funktion einer Vorbereitung aufs Leben. Zugleich aber ist sie als Ort „höherer Bildung" nicht unbedingt nur praktischen Zwecken unterworfen. So steckt im Wort „Schule" auch die lateinische „Schola", mithin „Scholastik", die mittelalterliche Verknüpfung von Philosophie und Theologie, auch im Sinne abstrakter Spekulation – bis hin zu Hermetik und Orthodoxie.

Solcher Doppelcharakter klingt nicht selten schon beim bloßen Wort Schule an, lässt sie als Ort offener Kommunikation, hilfreicher Ordnung, aber auch geheimnisvoller Riten, gar als dogmatische Zwingburg assoziieren: konservative Erziehungseinrichtung und Experimentierfeld.

„Später erfuhr ich im Musikunterricht von der Mannheimer Schule und ihren Manierismen – der ‚Mannheimer Walze', der ‚Mannheimer Rakete', dem ‚Mannheimer Seufzer'. Das machte

mich stolz, denn nur wenige Städte können für sich in Anspruch nehmen, musikalische Schulen begründet zu haben. Ironischerweise wurden ja in Mannheim, als hätte Stamitz es geahnt, später tatsächlich Raketenflugzeuge erfunden. Und Autos. Wie würde eine ‚Mannheimer Rakete' heute klingen?"

Der Komponist Moritz Eggert, in Mannheim aufgewachsen, hat hier treffend den Doppelcharakter bezeichnet: die in der zweiten Hälfte des 18. Jahrhunderts sensationelle Mannheimer Hofkapelle als Inbegriff orchestertechnischen Fortschritts; gleichzeitig wurden die damals revolutionären Crescendo-Effekte als beunruhigende, schier erotische Schubkraft empfunden. Gar manchen soll seinerzeit beim puren Hören „ganz anders" geworden sein.

Sprach man von der Frankfurter Schule, so stellten sich nicht selten ähnliche Ambivalenzen ein: schwer verständliche wissenschaftliche Hermetik und das Skandalon des Umstürzlerischen. Denn noch eine dritte Komponente kam hinzu: „Café Marx" hieß im Frankfurter Volksmund die Keimzelle der Frankfurter Schule, das 1924 gegründete Institut für Sozialforschung, in deutlicher Anspielung sowohl an den bürgerlichen Charakter der Institution, einschließlich einer starken jüdischen Beteiligung, aber auch an eine quasi sozialrevolutionäre Programmatik, doch ohne allzu direkten Bezug zur Arbeiterwelt, gar zu unmittelbar klassenkämpferischen „Umtrieben". An dieser gespannt-gespaltenen Grundkonstellation hat sich bis in die siebziger Jahre hinein nicht allzu viel geändert. Und wenn es einen Kristallisationspunkt der heterogenen Tendenzen gab, dann hat er einen Namen: Theodor W. Adorno. Der Frankfurter Philosoph und Soziologe war keineswegs der einzige wichtige Kopf der Schule, wohl aber steht er bis heute exemplarisch für deren Ausstrahlung und Weiterwirken.

I. Frankfurt – was heißt das?

Spricht man von der Frankfurter Schule als einer international, ja schier global ausstrahlenden philosophisch-soziologischen Bewegung mit Theodor W. Adorno als Zentralfigur, so meint man damit natürlich nicht nur die herausragenden Personen, zumal Adorno, sondern nicht minder die Stadt, von der diese Anstöße ausgingen, in der sie institutionalisiert wurden; einer Stadt, deren Universität als intellektuelles Kraftzentrum wirkte, dessen Impulse die akademische Sphäre weit transzendierten.

Nun lässt sich von vielen großen, bedeutenden Kommunen sagen, sie zeichneten sich in dieser oder jener Hinsicht vor anderen aus. Gleichwohl hatte die größte hessische Gemeinde seit jeher ihren Sonderstatus. Zunächst einmal steht sie für den Mittelpunkt des Deutschen Reichs, potenziell sogar Europas – als Handels- und Messeplatz und nicht zuletzt als Verkehrsknotenpunkt. In der Verbindung mit der Rolle als „freie Reichsstadt" war sie damit auch für die entscheidende Aufgabe der Wahl (üblich ab 1147, gesetzlich ab 1356) und von 1562 bis 1792 auch für die Krönung der deutschen Kaiser prädestiniert, als so bedeutender wie neutraler Ort. Denn weder gab es feudal-dynastische Traditionen, Interessen, Verpflichtungen, noch dominierten kirchliche Einflüsse.

Vergleichbare Städte wie Köln oder Leipzig waren eindeutig katholisch oder protestantisch geprägt. In Frankfurt gab es viele Katholiken, der Kaiserdom zeugt heute noch davon; doch die Mehrheit war evangelisch – ohne dass konfessionelle Mehrheiten sonderlich relevant gewesen wären. Dafür gab es in keiner deutschen Stadt auch nur annähernd so viele jüdische Einwohner; wobei die Zahl der liberal Assimilierten oder

Emanzipierten zusätzlich hoch war. Ausgesprochen religiös überformt jedenfalls war Frankfurt nicht, eher durch weltlich-kaufmännische Nüchternheit bestimmt.

Gleichwohl hatte die Toleranz ihre Grenzen. So gab es im 12. und 13. Jahrhundert durchaus massenmörderische Pogrome – und von 1462 bis immerhin 1796 das Ghetto. Sicherheit garantierte dieses mitnichten: Der „Fettmilch-Aufstand" 1616 führte zu Vertreibung, Plünderungen und Mord. Doch kaiserlicher Befehl stoppte die Verfolgung, ließ die Verjagten zurückkehren, die Rädelsführer wurden öffentlich hingerichtet. Aus purer Sympathie gegenüber den drangsalierten Juden geschah dies nicht: Die Wahrung von Sicherheit, Ruhe und Ordnung im Handels- und Messezentrum war wichtiger. Insofern ging es hier schon damals ums Prinzip des liberalen „Nachtwächterstaates": Die Herrschenden in Reich, Land und Stadt legten primär Wert aufs störungsfreie Funktionieren des Warenumschlags. Zudem war es ein Sieg des merkantil ausgerichteten Patriziats über das noch mittelalterliche Zunft-Prinzip. Ansätze progressiver gesellschaftlicher Integration dienten ökonomischer Homogenität. Insofern war Frankfurt schon im 17. Jahrhundert eine ausgesprochen „moderne" Stadt: Kein Fürst und kein Bischof hatten hier das Sagen, religiöser Dogmatismus spielte kaum eine Rolle; ein selbstbewusstes, nüchtern-pragmatisches Bürgertum dominierte.

Theodor W. Adorno hat sich für explizit historische Fragen nur wenig interessiert. Dabei hätte er in der Entwicklung ab 1616 womöglich Vorboten dessen sehen können, was für ihn in den vierziger Jahren „Dialektik der Aufklärung" heißen sollte: Das Streben nach sozialer Einheit, der Abbau zumindest mancher historischer Schranken zugunsten eines freieren Spiels wirtschaftlicher Kräfte und die frühbürgerliche Emanzipation verbinden sich mit dem Ideal der angeblichen Gleichheit des

Warenaustauschs – letztlich der Aufspaltung in Produzenten und Konsumenten. Das „Kapital“ ersetzt Thron und Altar.

Nicht ohne Folgen blieb dies für Kultur und Kunst. Bildeten diese in den absolutistischen Residenzen, zumal der Gegenreformation (Wien, München, Dresden), das obligate Vehikel fürstlicher Prachtentfaltung, sinnenbetörenden Prunks auch im Dienste der *ecclesia militans* wie *triumphans*, so stand sie in einer pietistisch geprägten Bürgerstadt wie Leipzig für religiöse Selbstvergewisserung innerhalb des Erwerbslebens. In Frankfurt war von beidem wenig zu spüren. Aber dass ausgerechnet das katholische Mainz zu einer Art Brückenkopf für die Ideen von Aufklärung und Französischer Revolution wurde, wirkte sich auch für Frankfurt und weit darüber hinaus aus. Freilich entstand schon im 18. Jahrhundert der Slogan: „mehr Stadt Merkurs als der Musen“. Als Mozart 1790 anlässlich der Krönung Leopolds II. in Frankfurt sein „Krönungskonzert“ (D-Dur, KV 537) uraufführte, schrieb er seiner Frau: „*Gestern habe ich bei dem reichsten Kaufmann in ganz Frankfurt gespeist, bei Herrn Schweitzer, die Crux ist auch hier.*“ Was Mozart gemeint hat, ist evident: die Verbindung von enormem Wohlstand und Knickerigkeit gegenüber Kunst und Künstlern – ein Vorwurf, der bis in die Gegenwart immer wieder erhoben wurde. Vergessen werden darf darüber keineswegs, dass gerade hier zum Besitzbürgertum der mäzenatische Elan gehörte: Wo Adel und Klerus als Kunstförderer fehlten, fühlte sich die Privatwirtschaft verpflichtet. Frankfurt gilt als Hauptstadt der Stiftungskultur. Institutionen wie das Städel- oder Senckenberg-Museum, erst recht die Universität, wären ohne die Initiative einzelner großer, zumal jüdischer Familien nicht entstanden. Dass es diese nach dem NS-Wüten nicht mehr gab, ist in vieler Hinsicht ein weitaus größerer Verlust als die zerstörte Altstadt. Welche auch repräsentative Potenz das Frankfurter Bürgertum besaß, dokumentierte vor allem das Opernhaus, heute die Alte Oper, zu deren Eröffnung Kaiser Wilhelm I. eigens aus Berlin anreiste – und perplex konstatierte: *„Das können sich nur die Frankfurter leisten.“*

Gleichwohl ging es nicht nur ums Repräsentative, sondern um die repräsentative Stadt der Moderne, nicht zuletzt in der Musik. Die Opern-Uraufführungen (Franz Schreker, Arnold Schönberg, George Antheil, Rudi Stephan), epochale deutsche Erstaufführungen machten das Haus zu einer der ersten Adressen für Musikliebhaber. Béla Bartók hat hier seine beiden ersten Klavierkonzerte kreiert – und Schönbergs Orchestervarationen op. 31 erfuhren unter Hans Rosbaud wohl

Die Frankfurter Uraufführung von Franz Schrekers „Die Gezeichneten“ war 1918 eine Sensation, auch für den jungen Adorno. Als Michael Gielen Frankfurts Oper übernahm, war es für ihn Ehrensache, 1979 das ab 1933 verfemte Werk herauszubringen, spektakulär inszeniert von Hans Neuenfels.

gegenüber Furtwänglers Berliner Premiere die erste „authentische“ Wiedergabe. An der Frankfurter Musikhochschule wurde übrigens unter Mátyás Seiber die erste deutsche Jazz-Klasse eingerichtet. Das Jahr 1933 setzte all dem ein Ende.

In keiner anderen Stadt der Bundesrepublik wurde so rasch und konsequent die Tradition des Neuen, der internationalen Öffnung fortgesetzt – ganz besonders mit der jährlichen Buchmesse. Im Schauspiel setzte sich Harry Buckwitz für den Dramatiker Bert Brecht ein, hat ihn für den Westen durchgesetzt. Die Kontroversen waren enorm. Der Regisseur Heinrich Koch führte mit der „Koch-Platte“ das Pendant zu Wieland Wagners „entrümpelter“ Neu-Bayreuther Bühne ein. Und vom Kriegsende bis tief in die neunziger Jahre hinein war Frankfurt eindeutig die deutsche Jazz-Hauptstadt. Erst recht wurden die Ferienkurse im benachbarten Darmstadt zum Mekka radikaler musikalischer Moderne. Gradlinig indes ver-

Frankfurt, Stadt der Konflikte: In der Nachkriegszeit korrespondierte mit dem „Sündenbabel“ nicht nur die aufstrebende Bankenwelt; auch die linksintellektuelle Szene positionierte sich im Umfeld des Instituts für Sozialforschung, kulminierend 1969 in der Auseinandersetzung von SDS-Studenten mit der Polizei.

lief dies alles nicht, stets war gerade Frankfurt die Stadt der Konflikte. Aus der Bürgerstadt mit starkem jüdischen Anteil wurde das angeblich amerikanisch infizierte „Sündenbabel" der Republik, dessen Bahnhofsviertel für kommerzialisierten Sex stand – wie sonst nur die Hamburger Reeperbahn. Dann war es die Zentrale der Banken, des Kapitals, nicht minder aber die der Linksintellektuellen, von APO und SDS, der großen Anti-Springer-Demonstrationen.

Und im Theater folgten auf Buckwitz/Brecht Peter Palitzsch und Hans Neuenfels, die Mitbestimmungsdiskussionen. Im legendären Theater am Turm wurden die „Sprechstücke" Peter Handkes uraufgeführt. Schließlich gab es noch die relativ kurze Ära Fassbinder mit den heftigen Auseinandersetzungen um sein von nicht wenigen als antisemitisch empfundenes Frankfurt-Stück „Die Stadt, der Müll und der Tod". Hinzu kamen Hilmar Hoffmanns „Kommunales Kino" und die ästhetisch immens produktive Gielen-Oper. Zum Teil waren dies Phänomene erst nach Adornos Tod 1969. Gleichwohl standen sie perspektivisch für eine allemal widersprüchliche künstlerisch-kulturpolitische Situation: Banken, linke Demonstranten, traditionelle Hochkultur, radikale Avantgarde, breitgefächerte Popular- wie Alternativkultur. Und bei allen mitunter krassen Gegensätzen firmierte dies letztlich als Frankfurter Schule – nicht nur im Hinblick auf die überaus wichtige Rolle der Universität mit der zentralen Gestalt Adornos. Wie wichtig er war, erhellt auch die Tatsache, dass selbst in Bereichen, die seinen Intentionen völlig konträr waren (Film, politisch engagierte Kunst, Jazz), die Diskussionen nicht selten, ausgesprochen oder unausgesprochen, um Adorno als kritischen Angelpunkt kreisten.

II. „Heimat" in statu nascendi – Adornos Frankfurter Anfänge

Theodor Wiesengrund Adorno, zentrale Identifikationsfigur der Frankfurter Schule, wurde in Frankfurt am 11. September 1903 geboren. Er hat überdies die Stadt am Main bei allen Brechungen als eine Art „Heimat" empfunden – wie er auch Amorbach im Odenwald, dem Ferienort seiner Jugend, zeitlebens innig verbunden blieb. Dies aber gewiss nicht im Sinne wohlig lokalpatriotischer Zugehörigkeit, gar des Wahns kollektiven Eingebundenseins ins Gute, Wahre, Schöne, Alte. Weit eher mag sein Frankfurt-Bild sich mit dem berührt haben, was Ernst Bloch im Schluss seines Hauptwerks „Das Prinzip Hoffnung" als letztlich erfüllte Utopie beschwört: „*... so entsteht in der Welt etwas, das allen in die Kindheit scheint und worin noch niemand war: Heimat.*"

Dem jungen Theodor Wiesengrund war eine umhegte Kindheit beschieden, und schon früh zeigte er sich als tanzender Narziss. Sein letztlich stabiles Selbstwertgefühl half ihm, viele Gefährdungen zu überstehen.

Gleichwohl war Adornos Frankfurt-Imago durchaus konkreter: Er stammte von hier, kehrte 1949 aus der amerikanischen Emigration endgültig zurück und lehrte bis zu seinem Tod 1969 an der Universität. Und nicht nur das: In aufgeräumten Momenten, die es bei ihm durchaus gab, zeigte er sich, sogar entschieden lustvoll, des „Frankforterischen", nicht zuletzt also auch Goethes Dialekt, mächtig. Wobei er sehr genau kritisch zu unterscheiden wusste zwischen solchen Minimal-Reflexen des Volkstümlichen und den dubiosen Kulten des „Volkstümelnden" verschiedener Provenienz. Umso verblüffender freilich wirkte der Kontrast zwischen seiner sonst stets überaus hoch elaborierten Diktion und ganz unerwarteten, sporadisch aufblitzenden Mundart-Reminiszenzen.

Adornos familiärer Hintergrund wirft mancherlei Fragen auf, nicht zuletzt die nach dem Verhältnis von Individualität und Sozialisation, gar nach dem Primat von Sein oder Bewusstsein: Wird dieses von jenem oder jenes von diesem bestimmt? Der Dialektiker hätte sicher solch vulgärmarxistisch planer Polarisierung widerstanden. Aber dass zumindest manche Kindheitsmuster noch für das spätere Leben bedeutsam sind, ließe sich immerhin bestätigen. So gehörte die Familie zum gehobenen, gut situierten bürgerlichen Mittelstand. Sein Vater, Oscar Alexander Wiesengrund, hatte als Weingroßhändler eine gesicherte Existenz aufgebaut und rechnete sich dem liberal assimilierten Judentum zu.

Eine verbindliche religiöse Anbindung gab es nicht mehr, allenfalls noch Verbindungen zur Gemeinde, die aber wohl eher formal waren – wie in nicht wenigen katholischen oder protestantischen Familien auch. Von orthodoxer Frömmigkeit jedenfalls konnte nicht die Rede sein. Ja, im Zweifel achteten die vor allem wirtschaftlich etablierten Juden, vor allem die des Frankfurter Westends, genau darauf, sich von den im weitesten Sinne östlichen Juden abzugrenzen. Der junge Adorno erfuhr also eine doppelte Distinktion: eine quasi allgemeine

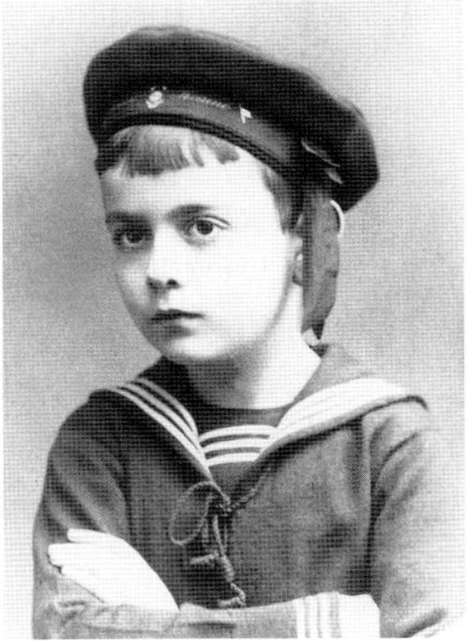

„Teddie" hat das bürgerliche Milieu seines Elternhauses kaum verleugnet. Der Matrosenanzug des Schülers um 1910 gehörte damals zum guten Ton.

zwischen Juden und Nichtjuden – und eine besondere zwischen den erfolgreich Assimilierten und den aus den „Schtetln" Zugewanderten: fromm, traditionsverhaftet, mit Bärten, schwarzen Hüten und Kaftanen, mitunter jiddisch sprechend. Der Gegensatz war etwa in Berlin, vor allem aber Wien noch weit stärker. Aber noch in den sechziger Jahren erzählten ältere Frankfurter von Differenzen sowohl gegenüber den zumindest als anders empfundenen „West"-Juden als auch – sogar mitunter auch von „west"jüdischer Seite – gegenüber den oft gänzlich „fremd", exotisch wirkenden „Ost"-Juden. Auf jeden Fall aber hat der Heranwachsende mancherlei antisemitische Ressentiments und Animositäten erfahren, halbwegs gemildert durch das insgesamt liberal-tolerante Frankfurter Klima.

Womöglich hätte er damals damit einigermaßen „leben" können. Nach Auschwitz allerdings sind selbst kleinere, angeblich harmlose Anspielungen auf das gar angeblich „typisch Jüdische" nicht im Mindesten mehr tolerabel. Erst recht wurde für Adorno „Auschwitz" zum Schreckenswort schlechthin, zum Inbegriff einer einzig dem Untergang geweihten Geschichte. Adornos abgrundtiefer Pessimismus, geschichtsphilosophisch abstrahiert, wurde jedenfalls durch den Holocaust wahrhaft schonungslos sowohl erzeugt als auch bestätigt.

Doch die Frage nach der „jüdischen" Komponente Adornos bleibt verworren. Denn nach traditioneller jüdischer Auffassung gilt als „Jude", wer eine „jüdische" Mutter hat. Das war bei Adorno eindeutig nicht der Fall: Maria Calvelli-Adorno della Piana war eine Sängerin genuesisch-korsischer Abstammung, entsprechend katholisch. Der junge Adorno erfuhr also eine doppelte Außenseiter-Sozialisation: einerseits der liberal-assimilierte jüdische Kaufmann, dem zudem eine eher pro-englische Neigung nachgesagt wurde, andererseits die mediterrane Künstlerwelt. Über die Beziehung zwischen dem Vater und dem einzigen Sohn ist nicht allzu viel bekannt; sonderlich intensiv jedenfalls scheint sie nicht gewesen zu sein. Dafür scheinen aber auch dem Pubertierenden massivere ödipale Konflikte mit der so bewundernd überbewerteten wie mehr oder minder aggressiv abgewehrten Über-Ich-Figur erspart geblieben zu sein. Allerdings – so viel psychoanalytische Spekulation sei gestattet – könnte des späteren Philosophen auffallend geringe Empathie für die angelsächsische, zumal puritanische wie erst recht kapitalistische, Sphäre mit Widerständen gegen den sowohl merkantil ausgerichteten als auch anglophilen Vater zu tun haben. Dass der Emigrant im amerikanischen Exil den Namen des jüdischen Vaters, Wiesengrund, ablegte, dürfte mehrfach pragmatische Gründe gehabt haben: Unter den Sozialwissenschaftlern gab es einen sehr hohen Anteil an Forschern jüdischer Herkunft, so dass es opportun schien, auch in Amerika grassierenden antisemitischen Ressentiments nicht zusätzlich Nahrung zu liefern. Und verwies der italienische Name der Mutter, einer Opernsängerin, überdies nicht weit klangvoller auf die hochkulturelle Sphäre? Gleichwohl wurde der Namenstausch als Akt ängstlicher Anpassung ans amerikanische „Justemilieu“, wenn nicht gar als „Vatermord“, interpretiert. Hannah Arendt, Adorno gegenüber nicht ganz ressentimentfrei, hat denn auch sogar von „Infamie“ gesprochen.

Umso inniger war das Verhältnis des jungen „Teddie“ (diese anglisierte Koseform wurde dem Knaben zuteil und hat sich unter Freunden bis zum Schluss erhalten) nicht nur zur Mutter, sondern auch zu deren Klavier spielender Schwester Agathe: Geradezu ein mütterliches Doppel umhegte den zarten, sensiblen Knaben, umhüllte ihn mit Musik. Auf den Jugendfotos des „Wunderkinds“ blickt einen ein kleiner Narziss an, seines Sonderstatus durchaus gewiss. Später kommt

Der Vater, Frankfurter Weinhändler jüdischer Herkunft, doch weitgehend assimiliert, hat für den Heranwachsenden wohl keine sonderlich prägende Rolle gespielt. Dominierend hingegen waren die Mutter, Maria Calvelli-Adorno, und deren Schwester Agathe. Der Knabe erlebte eine Art von Doppel-Matriarchat.

noch ein Zug ins leicht Dandyhafte hinzu. Die überaus wohlbehütete Frankfurter Kindheit, fernab gravierender materieller Sorgen, mag Adorno zu dem letztlich sogar bisweilen rettenden Selbstbewusstsein verholfen haben, einer Art von narzisstischem Kokon, der ihn viele Gefährdungen, innerlich wie äußerlich, überstehen ließ. Dies könnte indes auch erklären helfen, warum konkrete Miseren und Konflikte der politischen Gegenwart wie der Arbeitswelt ihn kaum erreichten; aber auch, warum die Sphäre des „Geistigen", der Hochkultur, vor allem der Musik, für ihn primär blieb – trotz aller Vorbehalte gegenüber deren bloß idealistischer Verklärung.

Der Vierzehnjährige mit Hund. So reflektiert er auch die Sphäre des „Natürlichen" wahrnahm, so intensiv empfand er den stummen Ausdruck der Tiere als Wahrheit eigener Art.

Ein kleiner Vergleich mag dies erhellen. Dass es nicht darum gehen kann, den einen gegen den anderen auszuspielen, ist evident. Aber es hilft, den außerordentlichen Facettenreichtum innerhalb einer verzweigten gesellschaftskritischen Bewegung zu erhellen. Ernst Bloch, in vielem mit Adorno verbunden, was erhebliche Divergenzen keineswegs ausschloss, stammte aus eher einfachen Verhältnissen, wuchs zudem in Ludwigshafen auf, einer schwerlich glamourösen Industrie- und Hafenstadt, deren Industrieproletariat allenthalben spürbar war. Zudem berichteten Schiffer dem Halbwüchsigen von unerhörten fremden Ländern und Menschen, einer großen, weiten Welt, voll absonderlicher Begebenheiten. Für den jungen Ernst Bloch war denn auch die Welt eine der Kolportage, ein Abenteuer-Hohlraum, angefüllt mit Personen und Situationen auch aus der Trivialliteratur. So notierte Bloch lapidar, für Adorno gewiss allzu holzschnittartig polarisierend: „*Es gibt nur Karl May und Hegel, alles dazwischen ist eine unreine Mischung.*" Die Mischung aus Arbeitswelt und pubertären Phantastereien von der wilden, freien Welt unterschied Bloch von Adornos letztlich bildungsbürgerlicher Überzeugung von ästhetischer Immanenz.

Sprach man von Adorno als einem „jüdischen" Denker, so spielten nicht selten antisemitische Reflexe hinein, dabei mitunter ins Lob für ganz besonders hohe, eben „typische" Intelligenz verschoben. Umso heikler ist es, diese definieren zu wollen, will man nicht obligaten Assoziationen, Vorurteilen und Obsessionen Vorschub leisten. Einigermaßen gesichert ist eine Gemeinsamkeit vieler Linkshegelianer: Karl Marx und Ferdinand Lassalle, Bloch und Siegfried Kracauer, Walter Benjamin, Adorno und Max Horkheimer, Georg Lukács und Herbert Marcuse waren jüdischer Herkunft. Der Blick der Außenseiter auf die sie limitierende Gesellschaft war notwendigerweise kritisch: Es galt, die Strukturen und Mechanismen der ausgrenzenden, unterdrückenden und ausbeutenden Gesellschaft zu analysieren, Wege und Mittel zur Veränderung der Verhältnisse zu finden. Von daher ist das nicht selten projektive Amalgam von links und jüdisch abzuleiten. Über ein angeblich jüdisches Wesen hingegen sagt dies wenig aus. Im Übrigen gilt grundsätzlich und überaus triftig Jean-Paul Sartres Formel: „*Jude ist, wer für einen Juden gehalten wird.*"

III. Glückliche Kindheit – Eine Jugend- und Lebensliebe: Siegfried Kracauer

Theodor „Teddie" Wiesengrunds Kindheit und Jugend fielen zwar noch ins wilhelminische Kaiserreich, doch eine Grundspannung zeichnete sich schon ab: Er kam aus dem deutschen Bildungsbürgertum, dessen Wertekanon für ihn in einiger Hinsicht wohl prägender war als vermutet, zugleich aber war das kritisch-analytische Denken des offenkundig Frühreifen schon weit entwickelt. Die abgeschirmte Atmosphäre des Elternhauses, vor allem die hohe Bedeutung der Musik, haben ihn in einer Geisteswelt aufwachsen lassen, die für höchste ästhetische Maßstäbe stand. Zugleich aber spürte schon der Pubertierende das „Falsche", Ideologische der Klassiker-Kultur, den Besitzerstolz auf „unvergängliche" Werte. Bis an sein Lebensende hat er sich an dem Widerspruch abgearbeitet zwischen dem musikalisch Höchsten – etwa Beethovens späten Quartetten – und der „Verdinglichung" großer Musik zum bloßen Kulturgut. Und stets hat er, was ihm an Musik begegnete, unter spezifisch kompositorischen, also für ihn nicht zuletzt kompositionstechnischen Kriterien bewertet.

Mit autobiographischen Äußerungen, gar Bekenntnissen hat er sich auffallend zurückgehalten: gut denkbar, dass ihm das Private, Familiäre sogar als eine Form von bürgerlich-großstädtischer Folklore vorkam, die ihm generell suspekt war. Beschreibt er persönliche Erfahrungen und Eindrücke, Kindheitserinnerungen, so sind die wenigen Texte stilisierte Traumprotokolle oder poetisch überhöht. Die Tendenz, die Spuren der Individualgeschichte zu verwischen, fällt jedenfalls auf. Ob im Frankfurter Hause Wiesengrund aktuelle politische Themen diskutiert wurden? Nicht selten hatte man den Eindruck, dass Teddie auf Fragen der Alltagspraxis, auch akuter Bedrohung durch sich dramatisch verschiebende, massiv zuspitzende reale Machtverhältnisse, mit einer Art von *noli me tangere* reagierte. Um es vorwegzunehmen: Hauptsächlich mit dem Engagement gegen die „Notstandsgesetze" 1968 ist der Philosoph auch als politisch aktive Figur in Erscheinung getreten.

Die Berichte über den jungen, frühen, vielfach Höchstbegabten beschreiben ihn als überaus selbstbewussten Narziss, nicht frei von elitärer Arroganz und außerordentlich ehrgeizig in der Verfolgung seiner Laufbahn, die er offenkundig von Anfang an als „Auftrag" interpretiert, und dies entschieden in doppelter Hinsicht: als Philosoph und Musiker. Seine Klavierlehrerin war übrigens eine Enkelin Friedrich Stoltzes, des Frankfurter Mundart-Hymnikers, dem noch der späte Adorno geradezu liebevoll anhing. Aber auch, wenn er ein mehr als respektabler Klavierspieler wurde, so erstrebte er nicht im Geringsten die Karriere des Aufführungspraktikers, einer Sphäre, die ihm als eine des Machens und Machbaren zeitlebens suspekt war. Stattdessen zog es ihn zum Komponieren: Bei

Adornos überaus gewählt-differenzierte Diktion im Ohr, konnten sich nur wenige vorstellen, dass er in aufgeräumter Stimmung durchaus lustvoll des „Frankforterischen" mächtig war. Immerhin war seine erste Klavierlehrerin, Susanna Stoltze, eine Enkelin des Mundartdichters Friedrich Stoltze.

Bernhard Sekles am Dr. Hoch'schen Konservatorium studierte er wie Paul Hindemith. Als Antitraditionalisten waren sie sich zunächst einig, doch früh zeigte sich der Dissens. Die hemdsärmelige Spielmanns-Attitüde des enormen Praktikers, auch die Provokationslust des „Bürgerschrecks" Hindemith weckten bald das Misstrauen des sensiblen Außenseiters Adorno, der argwöhnte: Wer einer Beethoven-Büste einen Schnurrbart anmale, dergestalt sein ödipal aufsässiges Mütchen an einem überragenden Komponisten kühle, gerade der werde einmal zum erzkonservativen Gralshüter mutieren, gar am Ende „Die Harmonie der Welt" komponieren.

Schon seit den frühen zwanziger Jahren zeichnet sich ein dichtes Netz von Beziehungen ab: mäandernd, divergierend, konvergierend, zunehmend polemisch, in nur wenigen Fällen eindeutig identifikatorisch. Durchgängig blieb die kritische Distanz zu Hindemith, oszillierend hingegen das Verhältnis zu Siegfried Kracauer. Der um vierzehn Jahre Ältere, aus alter Frankfurter jüdischer Familie, wurde zum philosophischen Präzeptor des Wunderknaben. Gemeinsam lasen sie Kants „Kritik der reinen Vernunft" – und der junge Teddie lernte durch ihn Ernst Blochs „Geist der Utopie" und Georg Lukács' „Theorie

Eine tiefe Freundschaft – bis hin zu einer eher einseitigen Liebesbeziehung – verband den etwas älteren Siegfried Kracauer mit dem jungen hochbegabten Theoretiker und Komponisten. Gemeinsame Lektüre-Erfahrungen wirkten prägend.

des Romans“ kennen. Aber Kracauer, anfangs Architekt, zudem Autor zweier autobiographischer Romane („Ginster“, „Georg“), war weit mehr als ein die Lektüre Anleitender: Selber sprachgehemmt, bewunderte er offenkundig den überdies nicht zuletzt rhetorisch spektakulär eloquenten, mehrfach Privilegierten über die Maßen – bis hin zu platonisch homophiler Fixierung. In mehreren Briefen, hauptsächlich an Leo Löwenthal, tritt zutage, wie sehr er an der narzisstischen Indolenz des Jüngeren litt, dessen egozentrischer Konzentration aufs eigene Schaffen und Fortkommen. So schreibt er am 4. Dezember 1921: *„Allzuviel stammt bei ihm aus dem Intellekt und dem Willen, statt aus den Tiefen der Natur. Etwas Unvergleichliches hat er aber uns beiden voraus: ein herrliches äußeres Dasein und eine wunder-*

In der Tradition Hegels, der die Schweizer Berge verabscheute, beharrte Adorno auf dem „Kunstschönen“. Dennoch hatte er ein inniges Faible für die Alpen: Dolomiten, Oberengadin und Wallis. Hier bei einer Wanderung mit Kracauer.

volle Selbstverständlichkeit des Wesens. Er ist schon ein schönes Exemplar Mensch, und wenn ich auch nicht ohne Skepsis gegen seine Zukunft bin, so beglückt mich doch seine Gegenwart." Die Beziehungskrise erreicht ihre Klimax 1924, und Kracauers Briefe dokumentieren eine regelrechte „Amour fou"-Obsession samt den obligaten Symptomen von Enttäuschung, Eifersucht, Verletztheit und Resignation.

Gleichwohl bestand zwischen Adorno und Kracauer, der 1966 starb, über nicht wenige Widersprüche und Brüche hinweg eine tiefe, lebenslange Freundschaft, deren Ambivalenzen auch in unterschiedlichen Begabungen und Interessen begründet lagen: Nicht zufällig galt Kracauers Dissertation der „Entwicklung der Schmiedekunst (...)", also einem Bereich, in dem (Kunst-)Handwerk, Technik, Ökonomie und Arbeitswelt ineinanderspielten. Er war ein „Augenmensch", besonders dem Film verbunden, und als Soziologe („Die Angestellten", „Das Ornament der Masse") eher der auch bildlich exakten Beschreibung aktueller Verhältnisse zugewandt, weniger der übergreifenden Theorie der Gesellschaft. Und bei aller literarisch-philosophischen Inständigkeit galt sein Hauptinteresse nicht primär der schriftgelehrtenhaften Exegese großer Texte. Vor allem aber hatte er weder ein sonderliches Faible für Musik noch spezifischere Kenntnisse.

In gleich doppelter Hinsicht unterschied er sich demnach von dem von ihm so hingebungsvoll umworbenen „Teddie", für den die Kritische Theorie der Gesellschaft zentral war – und für den die Tonkunst im Schnittfeld von philosophischer Ästhetik und sozialer Dechiffrierung lag. Wenn Kracauer im Pariser Exil „Jacques Offenbach und das Paris seiner Zeit" (1937 erschienen) nicht als Privat-, sondern als „Gesellschaftsbiographie" schrieb, dann war der Dissens vorprogrammiert: Wiesengrund monierte die allzu anekdotische, zu wenig grundsätzliche Analyse des Zweiten Kaiserreichs und die ungenügende kompositorische Aufschlüsselung der Offenbach-Operetten, gerade im Hinblick auf die Besonderheiten der Pariser „Society“. In Adornos Essay zu Kracauers 75. Geburtstag, „Der wunderliche Realist“, spürt man immer noch die Spannung zwischen freundschaftlich naher Verbundenheit und dem Vorbehalt gegenüber nicht weit genug getriebener „dialektischer“ Radikalität, gründend auch im „Primat des Optischen“.

IV. Musikkritiker und Komponist

„Geboren bin ich 1903 in Frankfurt. Mein Vater war deutscher Jude, meine Mutter, selbst Sängerin, ist die Tochter eines französischen Offiziers korsischer – ursprünglich genuesischer – Abstammung und einer deutschen Sängerin. Ich bin in einer ganz und gar von theoretischen (auch politischen) und künstlerischen, vor allem musikalischen Interessen beherrschten Atmosphäre aufgewachsen. Ich studierte Philosophie und Musik. Anstatt mich zu entscheiden, hatte ich mein Leben lang das Gefühl, in den divergenten Bereichen eigentlich das Gleiche zu verfolgen. 1924 promovierte ich mit einer erkenntnistheoretischen Dissertation, 1931 habilitierte ich mich in Frankfurt als Privatdozent mit meinem Kierkegaardbuch und lehrte Philosophie, bis ich 1933 von den Nazis verjagt wurde.

Meine musikalischen Studien bezogen sich auf Komposition und Klavier, erst bei Bernhard Sekles und Eduard Jung in Frankfurt, dann bei Alban Berg und Eduard Steuermann in Wien. Die Freundschaft mit den beiden letzteren, und die mit Rudolf Kolisch und Anton von Webern, ist künstlerisch für mich entscheidend gewesen. 1928–1931 war ich als Redakteur des ‚Anbruchs' in Wien im Sinne der radikalen modernen Musik tätig."

Diese Selbstdarstellung gab Theodor W. Adorno im Juli 1948 in einem Brief an Thomas Mann. Selbstdarstellungen freilich sind nicht selten auch Selbststilisierungen. So fällt immerhin auf, dass Adorno von seinem Vater im Imperfekt spricht, zudem den kaufmännischen Beruf unerwähnt lässt, von der Mutter hingegen erzählt er im Präsens, wobei er die mediterrane Herkunft wie die sängerische Tätigkeit von Mutter wie Großmutter hervorhebt. Die Namensänderung von Wiesengrund zu Adorno entsprach also seiner Eigenwahrnehmung, wenn nicht -strategie. Nicht minder deutlich ist der Verweis auf die Doppelsträngigkeit der geistigen Existenz, die Parallelität von Philosophie und Musik. Ob im Elternhaus tatsächlich intensive politische Gespräche geführt wurden? Die großen sozialen Konflikte, das akut brisante Tagesgeschehen, die bedrohlichen Verwerfungen der Realität jedenfalls scheint Adorno zeitlebens eher begrenzt zur Kenntnis genommen zu haben.

Philosophie hat er an der 1914 neugegründeten Frankfurter Universität ab 1921 hauptsächlich bei dem Neukantianer Hans Cornelius studiert, und der auch akademische Ehrgeiz des Hochbegabten hat sich zunächst in primär erkenntnistheoretischen Bahnen bewegt. Sonderlich auffällig wurde er anfänglich noch nicht; erst das Kierkegaard-Buch von 1931 gilt als bemerkenswertes Dokument kritischer Originalität.

Anders war es um den jungen, evident frühreifen Musikkritiker bestellt, der von Anfang an nicht nur eminent selbstbewusst auf den Plan trat, sondern auch mit erstaunlicher Kühnheit den ästhetischen Diskurs ganz im Sinne der damals radikalen Avantgarde führte. Wenn Friedrich Nietzsche die These vertrat, dass unter den Künsten die Musik die jeweils „späteste" sei, so würde dies zumindest im Interessenspektrum des frühen Adorno widerlegt: Seine stets immanent kompositionskritische Argumentation und seine schon damals ästhetische Theorie der Musik hatten mit dem, was von den zwanziger Jahren bis heute als Musikkritik firmiert, nur wenig gemein. Am stereotypen, rein rezensorischen Referieren der Mängel oder Vorzüge von Aufführungen des Standardreper-

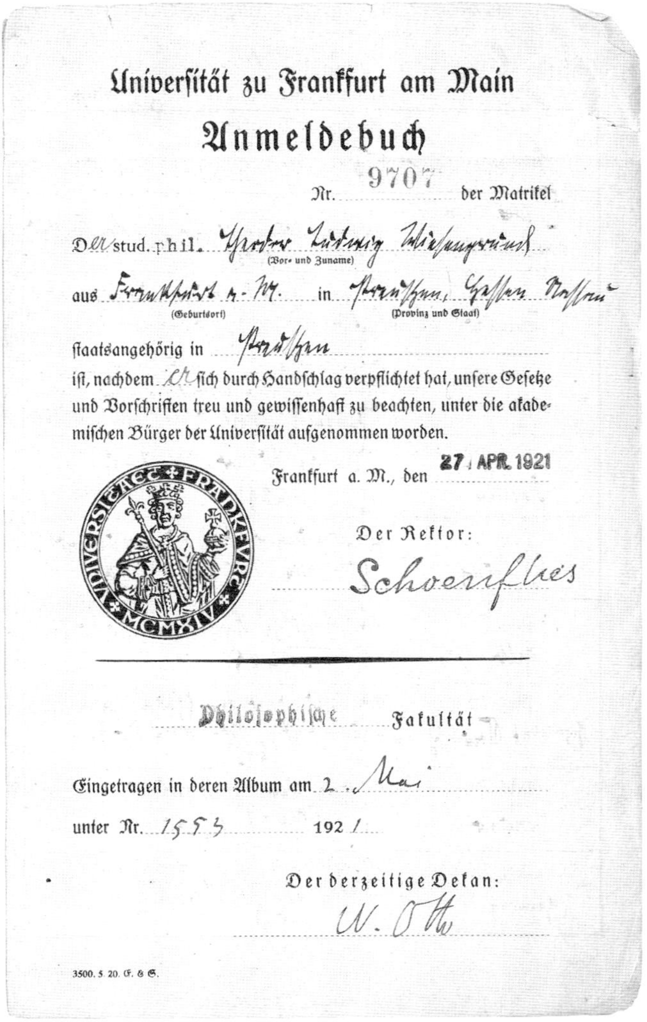

Universität zu Frankfurt am Main

Anmeldebuch

Nr. 9707 der Matrikel

Der stud. phil. Theodor Ludwig Wiesengrund
(Vor- und Zuname)

aus Frankfurt a. M. in Preußen, Hessen Nassau
(Geburtsort) (Provinz und Staat)

staatsangehörig in Preußen

ist, nachdem er sich durch Handschlag verpflichtet hat, unsere Gesetze und Vorschriften treu und gewissenhaft zu beachten, unter die akademischen Bürger der Universität aufgenommen worden.

Frankfurt a. M., den 27. APR. 1921

Der Rektor:
Schoenflies

Philosophische Fakultät

Eingetragen in deren Album am 2. Mai

unter Nr. 1553 1921

Der derzeitige Dekan:
W. Ott

3500. 5 20. F. & S.

Der Eintritt in die Alma Mater: die Immatrikulations-Urkunde von 1921. Abgesehen von der Emigrationszeit 1934 bis 1949, blieb er der Frankfurter Universität bis zu seinem Tod 1969 verbunden.

Die Handschrift des Komponisten: Das Schreiben von Musik war für den Philosophen keineswegs eine Nebentätigkeit, mochten ihm später auch andere Formen des Kreativen wichtiger werden. Das Faksimile des ersten der Sechs kurzen Orchesterstücke op. 4 (1929) zeugt von der entschieden professionellen Konsistenz seiner Arbeit.

toires war ihm kaum gelegen. Dem Typus wie Habitus des machtbewusst-einflussreichen „Starkritikers", der über Großereignisse in Großmedien seine Großkritiken schreibt, entsprach er sicher nicht. Stets ging es ihm mehr um die Sache.

So schrieb der erst 19-Jährige im Stadtblatt der Frankfurter Zeitung eine Hommage an seinen Kompositionslehrer Bernhard Sekles zu dessen 50. Geburtstag (20. Juni 1922), die mit großer Ehrerbietung, doch ohne falsch beweihräuchernden Zungenschlag, die eher stille Intensität im Arbeiten des Komponisten und Pädagogen durchaus empathisch beschreibt. Die Frankfurter Opern- und Konzertkritiken spotten des Klischees der „Fundgrube", dokumentieren stattdessen die reflektorische Schärfe in der Verbindung von philosophischer Dechiffrierung und kompositorischer Einsicht und Identifikation – zumal mit Schönberg und seiner Schule. Adornos Satz von 1953 – „*Schönbergs Musik tut dem Hörer Ehre an, indem sie ihm nichts konzediert*" – findet sich schon des Öfteren vorgeprägt, und die Ausführlichkeit und Distinktion, mit der er schon im Februar 1922 die Singularität des „Pierrot Lunaire" sprachlich Gestalt werden lässt, bleibt erstaunlich. Dabei war er alles andere als ein gläubiger Parteigänger. Im Juni 1925 heißt es: „*Als Hauptwerk der neudeutschen Schule kamen Schönbergs*

Der Frankfurter Kompositionslehrer antipodischer Musiker, Adorno und Paul Hindemith: Bernhard Sekles.

Gurrelieder nach Frankfurt, deren reiner Seelenton von keinem Monsterorchester zu übertäuben ist, während ihr sinnlicher Zauber nicht mehr zaubern will; für die kühn bereits ausschwingenden melodischen Bögen sind die Ohren heute geschärft.“ Hier bereits zeichnet sich ein zentraler Impuls der späteren Kritischen Theorie ab: die immanente Kritik im Zeichen der angelegten, aber noch nicht immer eingelösten Konsequenzen. Anders formuliert: Adorno ordnet einerseits die „Gurrelieder“ noch „neudeutscher“ Giga-Monumentalität zu, verweist aber gleichzeitig auf schon weiter reichende Tendenzen – das Kunstwerk als dialektisches Kraftfeld.

Mit neoklassischen oder folkloristischen Ausrichtungen hatte er schon damals erhebliche Schwierigkeiten; Béla Bartók wie Igor Strawinsky werden entsprechend auf kompromisslerische Momente hin abgeklopft. Und an Max Reger wie Hans Pfitzner übt er kategorisch abwertende Kritik. Unverkennbar freilich bleibt, dass Adornos Einschätzung ästhetischer Phänomene relativ früh einem recht stabilen Netz entsprach, das sich in nicht einmal wenigen Punkten nicht mehr allzu weit geöffnet hat. Dafür stößt man auf Überraschungen, denen man später nicht mehr begegnete. So etwa: „*Kreisler, dessen Geigenton immer noch schöner ist als aller Geschmack, der dagegen rebelliert (...) Battistini, der das Gentile-Liedchen aus Verdis Falstaff (Akt II: vago, leggero, gentile, gentile) sang und wieder sang und nochmals und einen nur traurig machte, weil er es nicht immerzu wiederholte.*“

Jenes „*zum (klangsinnlichen) Augenblick sagen: ‚Verweile doch, du bist so schön!*‘“ hat er sich seit den späten vierziger Jahren mehr und mehr versagt, dünkte es ihm doch als fetischistische Verdinglichung von Musik. Den oft törichten Tiraden über Schumanns Spätstil-Schwächen ist er mit sensibler Einfühlung in dessen gespalten Spezifisches begegnet.

Und zu Verdis „Forza del destino“ gelingt ihm eine bewegende dramaturgische Neudeutung: „*Es sind jene Texte allein, die blinkend geschlossene Klaviatur, die die Saiten der Affekte bewegt, deren jeder vom anderen übergangslos getrennt ist (…) Aber wie dieses Buch stumme Bewegungen über den Köpfen der Figuren vollführt, bringt es die Sterne zum Klingen, die in dürftiger Astrologie von den Figuren dargestellt werden.*“ Auch da begriff er Kunst als Bewegung des Geistes über die materiale Oberfläche hinaus. Später war er der Sphäre der Emanation gegenüber asketischer. Doch schon in den zwanziger Jahren zeichnet sich die Überzeugung von der eklatanten Überlegenheit der „großen“ deutsch-österreichischen Musik – von Bach bis Schönberg – ab; zumal in der innigen Symbiose mit der Philosophie seit Kant. Für Zwischentöne, Zwischenlösungen bleibt da wenig Raum: Komponisten wie Peter Tschaikowski, Henri Duparc, Charles Gounod (besonders sein „Faust“, sogar als Goethe-„*Schändung*“), Alexander Borodin, Manuel de Falla, Karol Szymanowski, selbst Béla Bartók, werden nicht selten pauschal, keineswegs vorurteilsfrei, abqualifiziert.

Bei all seinem nur zu begründeten Misstrauen gegen besitzerstolzen Traditions-Kult: Am Wertekanon des deutschen Bildungsbürgertums, das er gleichwohl ästhetisch radikal kritisierte und provozierte, hat er in nicht einmal wenigen Bereichen letztlich nicht allzu sehr gezweifelt. Ja, im angloamerikanischen Exil haben sich noch manche Auffassungen polarisierend verhärtet. Gleichwohl: Die musikkritischen Arbeiten des frühen Adorno bleiben epochale Beispiele der Verbindung von philosophisch-gesellschaftskritischer Reflexion, substanzieller kompositorischer Einsicht und unnachgiebiger ästhetischer Urteilsbereitschaft. Natürlich richteten sich seine Texte auch an das musikalisch kompetente und aufgeschlossene Bürgertum. Und etwa die Frankfurter Zeitung oder die Zeitschrift „Die Musik“ boten dem Rezensenten ausreichend Raum für seine analytisch-polemischen Gedankengänge. Auch die Leser, vermutlich nicht immer wohlig mit allem einverstanden, waren immerhin liberal und anspruchsvoll genug, sich auf solch komplexe Themen wie Texte einzulassen. Was nicht eben wenig für das intellektuelle Klima im Frankfurt der zwanziger Jahre spricht. Kulturpessimistische Lamenti, wie grandios und unendlich viel besser als die heutige Situation früher doch alles gewesen sei, so die solitäre Rolle Adornos, muten allerdings heute kaum sonderlich produktiv an.

Und der Komponist? Doppel-, ja Mehrfachbegabungen hat es im Lauf der Kulturgeschichte oft gegeben: Der Maler und Bildhauer Michelangelo hat bedeutende Lyrik geschrieben, Leonardo da Vinci malte und entwarf Maschinen, Arnold Schönberg und der Litauer Mikolajus Čiurlionis exponierten sich gleichermaßen als Komponisten wie als expressionistisch-symbolistische Maler. Übrigens hat auch der Wiener „Blut“-Aktionskünstler Hermann Nitsch für sein „Orgien-Mysterien-Theater“ eigene Musik komponiert. Andere (Robert Schumann, Paul Klee) schwankten anfänglich zwischen Musik und Literatur oder Malerei. Dass Schriftsteller oder Philosophen auch komponierten, gilt zumindest für Jean-Jacques Rousseau, E. T. A. Hoffmann und Friedrich Nietzsche, auch Boris Pasternak, mögen auch deren Partituren deutlich hinter der Dringlichkeit ihrer Texte zurückbleiben. Beim frühen Wiesengrund-Adorno ergibt sich sogar eine Dreisträngigkeit, ja mehr noch, eine Art System kommunizierender Röhren: Die Sphären des Philosophen und Soziologen, des Musikpublizisten und -ästhetikers und die des Komponisten sind unterschwellig miteinander verbunden, befruchten sich gegenseitig.

Ebendies freilich gehört zur Moderne, aus dem 19. Jahrhundert heraus verstanden. Ob E. T. A. Hoffmann oder Schumann, Hector Berlioz, Franz Liszt oder erst recht Richard Wagner, selbst die ästhetisch-politischen Antipoden Hans Pfitzner und Ferruccio Busoni, zudem Strawinsky – sie alle verbanden kompositorische Reflexion, sei es in Autobiographie, sei es in programmatischer Essayistik, mit musikalischer Produktion. Pendant in der Malerei etwa wären Kandinskys abstrakte Gemälde und seine grundlegende Schrift „Über das Geistige in der Kunst". Vollends nach 1945 ist das Bedürfnis nach Verschränkung von theoretischer Fundierung und aktueller Produktion für die Komponisten essenziell geworden: Karlheinz Stockhausen, Pierre Boulez, Mauricio Kagel, Dieter Schnebel, Hans Zender, Helmut Lachenmann, Wolfgang Rihm haben – in unterschiedlicher Gewichtung – ständig hochbedeutende Texte verfasst. Darüber hinaus ist es alles andere als zufällig, dass gerade die Musik bei zentralen Philosophen des 19. Jahrhunderts eine dominierende Rolle spielt: Søren Kierkegaard, Arthur Schopenhauer, Friedrich Nietzsche. Und nicht zuletzt hat der Soziologe Max Weber als Erster die Entwicklung der Musik unterm gesellschaftlichen Aspekt fortschreitender Rationalisierung erörtert. Der komponierende Musikdenker Adorno stand in einer großen, zumal deutschen Tradition.

Beschäftigt man sich nun mit den Kompositionen, so macht man zunächst eine verblüffende Erfahrung. Bedenkt man, dass selbst der „Götterliebling" Mozart und der Revolutionär Wagner erstaunlich lange brauchten, um sich aus dem Wust des Zeitstils herauszuarbeiten, so fällt bei den Kompositionen des jungen Wiesengrund immerhin auf, wie eigentümlich entwicklungslos er von Anfang an schon als Anhänger der Schönberg-Schule dasteht. Wenig zumindest ist da mehr zu vernehmen von akademischer Tradition, überlieferten satz-

Das Idol: Adornos Bewunderung für seinen Wiener Kompositionslehrer Alban Berg (hier um 1930) war schier grenzenlos. Noch im Motto seiner späten Monographie, ausgerechnet des finsteren „Götterdämmerungs"-Alberichs „Sei treu", klingt das Identifikationsverlangen nach, das sich auch auf Adornos unbeirrbare Wien-Verklärung erstreckte.

technischen Modellen tonaler Provenienz – von vorsichtigem Herantasten ans damals avancierte Idiom. Man kann solch frühe (Selbst-)Sicherheit von Intention wie Metier natürlich bewundern – sich aber auch wundern über die relative Reibungslosigkeit, mit der er sich einen Stil radikaler Modernität zu eigen machte, der für Schönberg wie dessen wichtigste Schüler Alban Berg, Anton Webern und Hanns Eisler auf unterschiedlich gewundenen Wegen, und keineswegs mühe- und konfliktlos, erlangt wurde. So könnte man bisweilen den Eindruck gewinnen, sein Komponieren sei auch ein klein wenig von der schier musterschülerhaften Beflissenheit bestimmt, auf gar keinen Fall hinter dem Ideal striktester Fortschrittlichkeit zurückzubleiben.

Gleichwohl blieb der Komponist durchaus in den Traditionsbahnen des bürgerlichen Fin de Siècle, den etablierten Gattungen anspruchsvoller Musikkultur: Streichquartett und Klavierlied. Reich verzweigte Polyphonie, komplexes Widerspiel von Melos, atonaler Harmonik und metrisch-rhythmisch asymmetrischer Faktur zeugen beredt vom dominierenden Einfluss der Schönberg-Schule. In den Sechs Studien für Streichquartett von 1920 klingt noch spätromantisches „Espressivo" an, das Quartett von 1921 wirkt schon gehärteter.

Beim Frankfurter Musikfest 1924 hatte er Berg kennengelernt, zu dem er sich vielfach hingezogen fühlte und der für ihn zur zentralen Bezugs-, ja Identifikationsfigur wurde. Bergs wuchernde Stimmenfülle, der oft sehrende Klang seiner Musik waren ihm zeitlebens Urbild wahrhaft authentisch erfüllten Komponierens, ungeschieden zwischen Konstruktion und expressiver Dringlichkeit. Adornos Wiener Unterricht bei Berg im Jahr 1925 hat sich vor allem in den Zwei Stücken für Streichquartett op. 2 (1925/26) kreativ manifestiert. Adornos Fixierung auf Berg freilich war auch in dessen genereller Antidogmatik begründet, die ihn die Schönberg'sche Zwölfton-Technik zwar anwenden ließ, deren Schematismus-Gefahr er jedoch aus dem Wege ging. Adornos Klavierlieder, die der Komponist zusammen mit Carla Henius auch öffentlich aufführte, stehen deutlich im Bann der Schönberg-Schule, nicht zuletzt in der Wahl der Gedichte (Stefan George, Georg Trakl u.a.) und operieren phantasievoll im Zwischenreich expressionistisch zerklüfteter freier Atonalität und Ansätzen zur Zwölftönigkeit. Ähnliches gilt für die Sechs kurzen Orchesterstücke op. 4 (1929), die es ebenfalls durchaus wert wären, im Konzert gespielt zu werden.

Ein minorer Komponist war Adorno keineswegs. Warum er Mitte der vierziger Jahre das Schreiben von Musik einstellte? Schon Alban Berg, sein Idol, hatte ihm in einem bewegenden Brief nahegelegt, dass er sich zwischen Philosophie und Musik irgendwann einmal werde entscheiden müssen und das Denken für ihn vielleicht doch noch wichtiger sein könne. Vielleicht aber hat der Gespaltene auch gespürt, dass die ehrfürchtige Abhängigkeit von den Wiener „Meistern" ihn womöglich doch auch bremste. Boulez' brüskes Statement „Schönberg est mort" 1951 hat dann den Epochen-Schnitt vollzogen. Im Übrigen war Adornos musikalische Produktion keineswegs hermetisch. So hat er sieben französische Volkslieder für Stimme und Klavier bearbeitet, eher im Stil lakonisch karger „neuer Sachlichkeit", außerdem unter dem Titel „Kinderjahr" sechs Stücke aus Schumanns „Album für die Jugend" für kleines Orchester gesetzt.

Ein ausgesprochenes Kuriosum sind die „Zwei Propagandagedichte", 1943 in Los Angeles entstanden, die noch am ehesten als karikierende Parodien auf Brecht-Eisler'sche „Kampflieder" der Weimarer Republik zu verstehen sind – allerdings ganz ohne deren unbestreitbar massenwirksamen Schwung. Zumal diese ganz auf die unmittelbar aktuelle politische Situation bezogen waren; während Adornos eher dürre Repliken im quasi luftleeren Raum verharren. Die Spannungen zwischen Schönberg, Eisler und Brecht, die Adorno zeitlebens mit erfuhr, sind bis in sein kompositorisches Œuvre eingedrungen, ebenso in die vielfältig ambivalenten Beziehungen aller Beteiligten zu Thomas Mann. Dass Adornos Bild von Musik, seiner eigenen zumal, changierte, war 1978 beim Grazer Adorno-Symposion zu erfahren, als der Komponist Dieter Schnebel die Uraufführung des kurzen Klavierstücks „Die böhmischen Terzen" spielte: erstaunlich schlicht und fragile Hommage an eine slawische Folklore, die er zumindest in ihrer offiziell auftrumpfenden Manier sonst stets entschieden verworfen hatte.

V. Das Institut für Sozialforschung

„Denn in der Kunst haben wir es mit keinem bloß angenehmen oder nützlichen Spielwerk, sondern (...) mit einer Entfaltung der Wahrheit zu tun.“ Der Satz aus Hegels „Ästhetik“ war für Adorno zentral, diente mit Grund als Motto für „Die Philosophie der neuen Musik“. „Entfaltung der Wahrheit“ hieß nämlich mehr als Enthüllung oder Verdeutlichung von Wahrheit. Im Sinne der Hegel'schen Dialektik hätte es auch „Selbstentfaltung“ der Wahrheit heißen können, deren Erkenntnis wie Ergebnis nur als unabgeschlossener Prozess vorstellbar ist. Prozessualität bedeutet denn auch dynamische Aktualität – also auch radikale Gegenwärtigkeit. Die Linkshegelianer, hauptsächlich jüdischer Herkunft, die in den frühen zwanziger Jahren in Frankfurt zusammenfanden, waren dementsprechend keine philosophischen Statiker, sondern versuchten in der Fusion marxistischer und freudianischer Theorien gesellschaftliche Entwicklungen aufzuschlüsseln – und zwar „kritisch“, nicht als bloß „objektive“ Beschreibung und Analyse. Theodor Wiesengrund Adorno, Max Horkheimer, Friedrich Pollock, Leo Löwenthal und Erich Fromm (beide noch am stärksten jüdischer Tradition verbunden) kamen zwar aus soliden bis vermögenden (Horkheimer) bürgerlichen Verhältnissen, setzten aber trotzdem – oder gerade deswegen – auf die Verbindung von empirischer Sozialforschung und sozialistischen Tendenzen.

Die Umwälzungen der deutschen Gesellschaft, die Entwicklungen in der jungen Sowjetunion, die Anregungen durch die Psychoanalyse, die Attraktionen der radikalen musikalischen Moderne, besonders für Adorno, dynamisierten die Situation, die zu einer Institutionalisierung ganz besonderer

„Café Marx“ nannte salopp der Frankfurter Volksmund das 1924 eröffnete Institut für Sozialforschung, erbaut im äußerlich kompakten Stil der Zeit, im Innern klar funktional strukturiert.

Art führte: 1924 wurde das Institut für Sozialforschung gegründet. Es gehörte zwar zu der erst 1914 entstandenen Universität, verdankte jedoch seine Existenz einem privaten Geldgeber. Hermann Weil war als Getreidegroßhändler zu immensem Reichtum gelangt, auch im Dienste des wilhelminischen Imperialismus. Ihm und seinem marxistisch orientierten Sohn Felix lag an der opulenten finanziellen Versorgung des neuen Instituts. Das neue Gebäude, im Frankfurter Volksmund bald Café Marx genannt, wurde zum Sammelbecken linker, kapitalismuskritischer Ideen und Impulse – und Frankfurt fast mehr noch als Berlin zum Zentrum sowohl gesellschaftskritischer Strategien als auch expliziter musikalischer Moderne. Für den jungen Theodor Wiesengrund war dies das ideale Terrain für kritische Gesellschaftstheorie und avanciertesten, schon durch reiche Erfahrung gestützten ästhetischen Diskurs.

Entscheidend für den jungen Wiesengrund wurde die Begegnung mit Max Horkheimer, die zu einer lebenslangen, geradezu dioskurenhaften Doppelexistenz führen sollte. Im Jahr 1895 in Stuttgart als Fabrikantensohn geboren, kam er aus vermögenden Verhältnissen, ungeachtet derer er marxistisch auf Veränderung der gesellschaftlichen Verhältnisse drang, gleichzeitig aber schopenhauerianisch das Leiden der Menschen thematisierte. Als Philosoph und psychoanalytisch beeinflusster Soziologe kam er an das neugegründete Institut, wurde bald dessen Direktor. So nahe Horkheimer und „Teddie" sich in ihrer theoretischen Arbeit waren, so deutlich blieb zeitlebens eine funktionale Differenz: Während Adorno der radikalere Denker und strikt antitraditionalistische Ästhetiker blieb, waren Horkheimers Fähigkeiten in finanzieller und organisatorischer Hinsicht eklatant: Ohne Horkheimers administratives Geschick wäre Adorno wohl manches Mal den mannigfachen Unbilden der Realität erlegen. Solcherart materielle Abhängigkeit wurde seitens Adornos durch eminente Produktivität als Autor kompensiert, während Horkheimer nach 1950 zumindest mit epochal prägenden Texten kaum mehr in Erscheinung getreten ist. Zumal schon einige seiner Arbeiten vor 1933 unter dem Pseudonym Heinrich Regius („Dämmerung") herauskamen. Wie paritäti-

Der andere der beiden Dioskuren: Max Horkheimer in jüngeren Jahren.

sche Partnerschaft und ökonomische Ungleichgewichtigkeit zusammengingen, wo es Reibungsmomente gab, könnte immerhin Thema einer auch ein wenig legendenkritischen Untersuchung sein.

Von den anderen Institutsmitgliedern unterschied sich Wiesengrund deutlich als Künstler. Außerdem agierten die ihm ästhetisch eher nahestehenden jüdischen Linksintellektuellen (Kracauer, Lukács, Bloch, Benjamin) in erster Linie als freie Schriftsteller, außerhalb der akademischen Sphäre, überdies (mit Ausnahme Kracauers) mit deutlicher Präferenz für die kommunistische Bewegung. Das Institut für Sozialforschung hingegen sah sich mehr als Ort marxistischer Theoriebildung: Umsturz, parteipolitische Agitation oder Stellungnahmen zum „Klassenkampf", gar zur Solidarisierung mit dem „Mann auf der Straße", erst recht zur „Barrikade" gehörten nicht zum Programm. Die Kluft zwischen gesellschaftlicher Theorie und Praxis war quasi konstitutiv. Ebendiesen Widerspruch hat Brecht in den vierziger und frühen fünfziger Jahren in seinem „Tui"-Roman und „Turandot"-Stück mit satirischem Ingrimm – und keineswegs frei von antiintellektuellem Ressentiment – ausgearbeitet: Wie kommt es, dass ein Hyper-„Kapitalist" sein Geld ausgerechnet in die Erforschung ökonomischer Krisen steckt, an deren Entstehen er beteiligt ist? Das Verhältnis zwischen Brecht und Adorno war und blieb ein beiderseitig höchst gespanntes.

Die Anfänge der Frankfurter Schule und die Kritische Theorie

Mit der Etablierung des Instituts für Sozialforschung entsteht auch die Frankfurter Schule der Kritischen Theorie. Was ist darunter zu verstehen? Auch wenn es hier primär um Adorno geht, so erscheint es entschieden triftig, die Gedanken Horkheimers mit einzubeziehen. Denn zumindest phasenweise haben beide schier „Alter-Ego-haft“ kooperiert, so dass es durchaus berechtigt ist, Horkheimers Text „Traditionelle und kritische Theorie“, erschienen 1937 im amerikanischen Exil, als authentisch heranzuziehen. Den Begriff „Definition“ haben beide, ebenso wie den des „Prinzipiellen“, mit begründeter Absicht vermieden, widersprach er doch ihrem Anspruch unabgeschlossener Freiheit des Gedankens.

„*Die traditionelle Vorstellung der Theorie ist aus dem wissenschaftlichen Betrieb abstrahiert, wie er sich innerhalb der Arbeitsteilung auf einer gegebenen Stufe vollzieht. Sie entspricht der Tätigkeit des Gelehrten, wie sie neben allen übrigen Tätigkeiten in der Gesellschaft verrichtet wird, ohne dass der Zusammenhang zwischen den einzelnen Tätigkeiten unmittelbar durchsichtig wird (…) Es gibt nun ein menschliches Verhalten, das die Gesellschaft selbst zu seinem Gegenstand hat. Es ist nicht nur darauf gerichtet, irgendwelche Missstände abzustellen, diese erscheinen ihm vielmehr als notwendig mit der gesamten Einrichtung des Gesellschaftsbaus verknüpft (…) Die Kategorien des Besseren, Nützlichen, Zweckmäßigen, Produktiven, Wertvollen, wie sie in dieser Ordnung gelten, sind ihm vielmehr selbst verdächtig und keineswegs außerwissenschaftliche Voraussetzungen, mit denen es nichts zu schaffen hat (…) Die Trennung von Individuum und Gesellschaft, kraft deren der Einzelne die vorgezeichneten Schranken seiner Aktivität als natürlich hinnimmt, ist in der kritischen Theorie relativiert (…) Der Theoretiker, dessen Geschäft darin besteht, eine Entwicklung zu beschleunigen, die zur Gesellschaft ohne Unrecht führen soll, kann sich, wie dargelegt, im Gegensatz zu Ansichten befinden, die im Proletariat gerade vorherrschen.*“ (Erstmals gedruckt in der Zeitschrift für Sozialforschung im Pariser Exil 1937. Gesammelte Schriften, Bd. 4, Frankfurt 1988)

Die „Dialektik“

Zur Kritischen Theorie, die sich eindeutig als eine gesellschafts-, hier also kapitalismuskritische Theorie verstand, gehörte die Aufhebung der Kluft zwischen den einzelnen Sphären und Funktionen, von Individuum und Gesellschaft. Es ging weniger um Reform-Konzepte, mehr um die Veränderung des „Ganzen“, die als „objektive“ Dynamik begriffen wird, deren Triebkraft die dialektische Bewegung ist: So wie Geschichte sich – laut Marx – in „Klassenkämpfen“ entwickelt, so wird der intellektuelle Diskurs in permanenten Widersprüchen vorangetrieben.

Vor allem für Adorno war denn auch die Hegel'sche Dialektik die entscheidende, ja allein gültige Weise, die Welt zu verstehen. Nun ist Hegels Philosophie, zumal sein Hauptwerk, die „Phänomenologie des Geistes“, höchst diffizil, und wer behauptet, das Werk zu verstehen, lügt nicht selten oder hat schlicht keine Ahnung. Da auch Adornos Denken ohne das Hegel'sche kaum zu denken ist, erhebt sich eine Art Doppelbarriere. Adorno hat im Sommersemester 1958 an der Frankfurter Universität in zwanzig Vorlesungen eine „Einführung in die Dialektik“ gegeben, die ein einleuchtendes Bild seines philosophischen Ansatzes wie auch labyrinthischen Reichtums vermittelt.

Auf schier magisch profane Art wurde ein „Phänomenologie“-Grundmotiv Hegels vor einigen Jahren am Stuttgarter Hauptbahnhof (also noch vor dem Unfug von „Stuttgart 21“) ersichtlich, nämlich als blaue Lichtschrift: „*(…) dass diese Furcht zu irren schon der Irrtum selbst ist.*“ Aus der Sicht des „kritischen“ Theoretikers hieß das 1958: „*(…) was dem populären, dem undialektischen Denken geradezu als die Bürg-*

schaft der Wahrheit erscheint, das Feste, Unveränderliche, das erscheint dieser Philosophie (...) als ein Erstarrungsphänomen (...) wie wenn es die Wahrheit an sich wäre (...) Der Kampf gegen die Verdinglichung der Welt, gegen die Konventionalisierung der Welt, bei der das Gefrorene, Festgefahrene, geschichtlich Entstandene so erscheint, als ob es ein Ansichseiendes wäre, das ein für alle mal und für alle Zeiten für uns gilt, – das macht den polemischen Ansatzpunkt des dialektischen Denkens überhaupt aus." Und er zitierte Hegel: „*Das Wahre ist das Ganze. Das Ganze ist aber nur das durch seine Entwicklung sich vollendende Wesen. Es ist von dem Absoluten zu sagen, dass es wesentlich Resultat, dass es erst am Ende das ist, was es in Wahrheit ist.*"

Die Abneigung der Frankfurter Schule gegen das Sich-auf-unverrückbare-Wahrheiten-Festlegen ist im Hegel'schen Prozess-Denken begründet. Wobei das „Ganze" hier zunächst hieß: Zusammendenken der Hegel'schen Dialektik, der Marx'schen Kritik der bürgerlichen Ökonomie, der freudianischen Absage an ein stabiles, nicht der Triebdynamik unterworfenes Subjekt – und, vor allem bei Adorno, einer Kunst, die aller Tradition als bloßer Konvention strikt opponiert. Denken, Gesellschaft, Ökonomie, Individuum und Musik wurden nicht mehr als getrennte Sphären gesehen, sondern im unablässig sich verändernden Gesamtzusammenhang. Es mag sogar mehr als nur Zufall gewesen sein, dass zur gleichen Zeit in der Sowjetunion Leo Trotzki mit dem Programm der „permanenten Revolution" operierte. Mit totalitärem Aktionismus freilich wollten die Frankfurter Intellektuellen indes nichts zu tun haben, doch die Idee mobiler Totalität böte immerhin Parallelen.

Der intellektuelle „Star“

Beschreibungen des Mittzwanzigers sowohl aus Frankfurt als auch aus Wien (sein Verhältnis zu Berlin blieb reserviert) charakterisieren ihn als intellektuellen „Star“: ehrgeizig, elitär, nicht ohne dandyhafte Prätention, überaus kenntnisreich und scharfsinnig, von mirakulöser Eloquenz und gestochener Präzision der Formulierung. 1931 habilitierte er sich in Frankfurt, wo er schon lange eine musikkritisch-ästhetische Autorität war, als Philosoph mit seinem Buch über Kierkegaard, war also nicht mehr nur der frei agierende Künstler-Philosoph. Und er suchte die „Gesellschaft“, was nicht immer ganz ohne Widersprüche abging. Denn so wie er unnachgiebig marxistische Thesen verfocht, so zog es ihn bisweilen auch in die Sphäre, die mancher in den fünfziger und sechziger Jahren mitunter auch als „IG Adel & Banken“ bespöttelte.

VI. „Vermittlung“, Politik-Abstinenz und der scharfe Schnitt: 1933

Wiesengrunds Aktivitäten in der zweiten Hälfte der zwanziger Jahre entsprachen quasi einem Netz unterirdisch verbundener Bereiche: Komponieren, musikkritische und musikästhetische Publikationen, Anstrengungen, sich an der Frankfurter Universität im Fach Philosophie zu etablieren, nicht minder aber die neuartigen Initiativen des Instituts für Sozialforschung, sein Interesse an marxistischer Gesellschaftstheorie und -kritik, beschäftigten ihn. Und gemäß der Hegel'schen Formel „Das Ganze ist das Wahre“ waren die Einzelsphären nicht nur nicht getrennt, sondern essenziell aufeinander bezogen. Vehement hat er sich denn auch noch in den sechziger Jahren gegen die Vorstellung gewandt, zwischen ernsthaften und Freizeit-Interessen unterscheiden zu wollen: Für ihn gab es keine Nebentätigkeiten. Und als Hobby-Komponist hat er sich erst recht nicht verstanden.

Umso mehr war für ihn von zentraler Bedeutung, von den Anfängen bis in die letzten Jahre, die schon bei Hegel virulente Frage nach der „Vermittlung“: also nicht nur die Frage, wie sowohl das Individuum als auch die Gesellschaft funktionieren, sondern auch und erst recht die nach dem Ineinanderwirken der sozioökonomischen Tendenzen und der subjektiven Triebkräfte und Interessen. Es ging um die Synthese von Freud und Marx – wobei er rasch zwischen zwei mehr oder minder feindliche Lager geriet. Zumindest für die orthodoxen Psychoanalytiker war die kapitalismuskritische Dechiffrierung der Gesellschaft kaum ein Thema, für die Partei-Kommunisten dagegen fokussierte die Freud'sche Seelenlehre primär die

Befindlichkeiten der Bourgeoisie, ja war Teil ihrer Ideologie der Innerlichkeit. Einer der wenigen Grenzgänger war der „linksabweichlerische“ Freudianer Wilhelm Reich, prompt von beiden Seiten verteufelt, dessen Adorno auch später noch ehrend gedachte – obwohl er dessen späte Mystizismen verwarf. Während er die Gedankenwelt Erich Fromms als anpässlerisch heftig attackierte: In „Die revidierte Psychoanalyse“ beharrte er auf der unversöhnlichen Strenge der Freud'schen Theorie.

Fast mehr noch war die Vermittlung zwischen dynamischer gesellschaftlicher Entwicklung und künstlerischem Fortschritt, vor allem in der Musik, für den soziologischen Ästhetiker ein Kardinalthema: Gibt es einen zwingenden Zusammenhang zwischen gesteigerten industriellen Produktivkräften, immer dichterer gesellschaftlicher Organisation und dem technischen Materialstand aktuellen Komponierens? Eine Kunstproduktion, die hinter den jeweils avanciertesten Möglichkeiten zurückbleibt, wäre zwangsläufig reaktionär, in ihren Mitteln und Techniken anachronistisch. Demnach entspräche dem „Maschinenzeitalter“ eine „Maschinenmusik“, wie sie den Futuristen vorschwebte. Doch für den Hegelianer setzt da genau der dialektische Widerspruchsgeist ein: Da, wo alles zur Totalität von Natur- wie Menschenbeherrschung, sprich Ausbeutung, tendiert, kann die Kunst weder verlogen im Traditionsidyll verharren, noch im allgemeinen Dynamismus „mitmachen“, sondern muss stattdessen umso mehr dem zunehmend gefährdeten Subjekt zum objektiven Ausdruck seines systembedingten Leidens verhelfen, sein Widerständiges zur Sprache bringen. Nicht Identifikation mit dem angeblich einheitlichen Ganzen sei das Gebot der Stunde, sondern das Beharren auf dem gerade Nicht-Identischen, also auf dem Einspruch gegen die Normen der Gesellschaft, bis hin zur Sabotage, und sei sie noch so ohnmächtig. Gerne hat Adorno sich denn auch auf den Gedanken eines seiner großen Vorbilder, Karl Kraus, berufen: Die Aufgabe von Kunst sei es, Chaos in die Ordnung zu bringen.

Das andere, strengere Wiener Vorbild: In dem Satiriker Karl Kraus sah Adorno einen Wegbereiter scharfer Attacken wider das „falsche Bestehende", der mit Essay und Aphorismus als Instrumenten die „Lüge" der Vivisektion unterzog.

Entsprechend hat Adorno schon 1928 in dem Essay „Die stabilisierte Musik" vor der heiklen Kombination aus gesellschaftlicher Anerkennung der Moderne und trügerischer Sicherheit der ästhetischen Konzepte gewarnt – ein Vorbehalt gegen die Verlockungen des Sich-Etablierenden, der über vierzig Jahre von ihm aufrechterhalten wurde. Noch schärfer fällt die Analyse 1932 aus in „Zur gesellschaftlichen Lage der Musik", weil er hier kompositorische Zeit-Symptome und Kritik am „Monopolkapitalismus" parallelisiert: Adorno argumentiert ästhetisch und politisch gleichermaßen. Gleichwohl bleibt seine Kritik am kapitalistischen Wirtschaftssystem im Allgemeinen der Theorie, so stimmig sie in vieler Hinsicht auch war.

Die Frage nach seinem politischen Bewusstsein, seinen konkreten Beobachtungen und Erfahrungen, möglichen Konsequenzen hat sich denn auch immer wieder gestellt – bis hin zu der psychologisierenden Formel: sein in früher „Overprotection" gewonnener Narzissmus habe ihn zu einer Art von *noli me tangere* gegenüber feindlicher Realität gebracht. Adornos Gesellschaftskritik sei prinzipiell, nicht konkret gewesen. Immerhin fällt auf, dass die ganz realen Bedrohungen von rechts, mithin die NSDAP und Hitler, in seinen Überlegungen bis 1933 keine dominierende Rolle spielen. Die oft rabiaten Konflikte der Weimarer Republik scheint er quasi nur am Rande zur Kenntnis genommen zu haben. Während Brecht und Eisler, Benjamin und Bloch die Kämpfe zwischen Nazis und Kommunisten engagiert verfolgen, sogar ins neue Mekka Moskau reisen, dort mancherlei Desillusionierung erleben, hält Adorno Distanz auch zu den linken Bewegungen: Parteilichkeit ist nicht seine Sache.

Obwohl auch für ihn Hitlers „Machtergreifung" 1933 nicht von ungefähr kam, war seine realpolitische Abstinenz nicht frei von Naivität, die in zwei Fällen sogar die Sphäre des Makabren streifte. So versuchte er die bedrückende Brisanz des NS-Totalitarismus ironisch-satirisch zu unterlaufen, indem er verharmlosend spottete: Die Maßnahmen des Regimes würden sich banalerweise erst einmal gegen die Ratten, dann gegen den Rost richten. Dass 1940 Veit Harlans infamer Propaganda-Film „Jud Süß" die Ratten-Metapher aufdringlich herausstellen würde, um die Deutschen letztlich auf den Holocaust einzustimmen, konnte er natürlich nicht wissen. Prekärer, weil für ihn substanzieller, war die Dominanz immanent ästhetischer Überlegungen noch in politisch bedrohlichen Situationen.

So heißt es im „Abschied vom Jazz" 1933: „*Die Verordnung, die es dem Rundfunk verwehrt, ‚Negerjazz' zu übertragen, hat vielleicht einen neuen Rechtszustand geschaffen – künstlerisch aber nur durchs drastische Verdikt bestätigt, was sachlich längst entschieden ist: das Ende der Jazzmusik selber.*" Statt sich, wie auch immer,

allenthalben deutsche Musik und deutsche Musiker protegiert.

Zu den dunklen Punkten Adornos gehörte sein 40-jähriger Kreuzzug wider den Jazz. Seine Aversion gegen den „Negerjazz" ging so weit, dass er selbst Goebbels' Verbot als Bestätigung seines eigenen Verdikts nahm. Schon die bösartigen Karikaturen hätten sein Misstrauen wecken müssen.

mit verfolgten Künstlern zu solidarisieren, sieht er sich in seiner Aversion gegen den Jazz durch den Goebbels'schen Ukas bestätigt. Dass dies für die betroffenen Musiker das berufliche Ende bedeutete, zumal nicht wenige jüdischer Herkunft waren, einige ermordet wurden, hätte er immerhin ahnen können. 1963 wurde in der Frankfurter Studentenzeitung „Diskus" eine Kritik aus der Zeitschrift „Die Musik" vom März 1934 ausgegraben, in der Adorno Männerchöre Herbert Müntzels auf Gedichte des Reichsjugendführers Baldur von Schirach wohlwollender satztechnischer Analyse unterzog, die Texte *„bewusst nationalsozialistisch markiert"* fand und das Ganze als Goebbels'schen *„romantischen Realismus"* interpretierte. Der Vorwurf des Anpassungsversuchs lag auf der Hand, führt indes womöglich in die Irre. Falls es ein solcher war, wirkte er jedenfalls unrealistisch hilflos.

Auffälliger ist die entschiedene Konzentration aufs Innerkompositorische, etwa auf die nicht weit genug getriebene „Emanzipation der Dissonanz“: Kompositionstechnische Detailfragen sind wichtiger als inhaltliche, gar aktuell politische Aspekte. Als wäre es 1934 immer noch mehr auf die Logik harmonischer Fortschreitungen als auf die dem Regime genehme ideologische Programmatik angekommen. Liest man überdies den Briefwechsel mit dem Komponisten Ernst Krenek zwischen 1934 und 1945, so irritiert das fast vollständige Wegblenden von NS-Terror wie Kriegsverlauf zugunsten des verschlungenen Diskurses über wahre kompositorische Strategien. Adornos Politik-Abstinenz war möglicherweise sogar so groß, dass selbst seine Anpassungsstrategien nicht wirklich effizient betrieben wurden.

So oder so war klar, dass nach dem Entzug der *venia legendi* 1933 der Verbleib an der Universität hinfällig geworden war. Adorno ging nach Oxford, kehrte jedoch bis 1937 regelmäßig nach Deutschland zurück. In England freilich blieb er fremd, fühlte sich durch die spezifische Fixierung auf deutsche Sprache, Philosophie und – last, but not least – Musik blockiert.

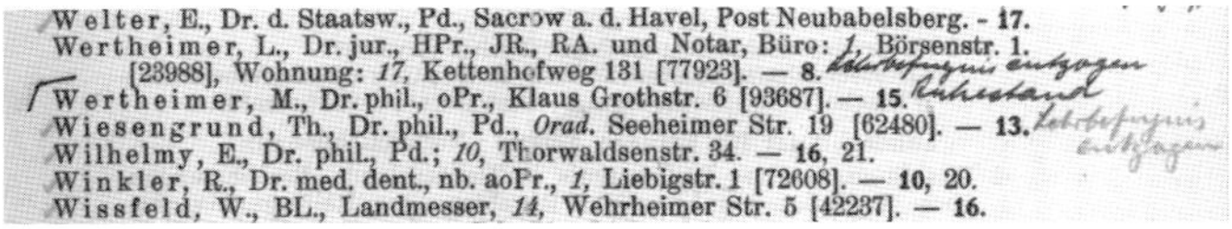
Welter, E., Dr. d. Staatsw., Pd., Sacrow a. d. Havel, Post Neubabelsberg. - 17.
Wertheimer, L., Dr. jur., HPr., JR., RA. und Notar, Büro: *1*, Börsenstr. 1. [23988], Wohnung: *17*, Kettenhofweg 131 [77923]. — 8.
Wertheimer, M., Dr. phil., oPr., Klaus Grothstr. 6 [93687]. — 15.
Wiesengrund, Th., Dr. phil., Pd., *Orad.* Seeheimer Str. 19 [62480]. — 13.
Wilhelmy, E., Dr. phil., Pd.; *10*, Thorwaldsenstr. 34. — 16, 21.
Winkler, R., Dr. med. dent., nb. aoPr., *1*, Liebigstr. 1 [72608]. — 10, 20.
Wissfeld, W., BL., Landmesser, *14*, Wehrheimer Str. 5 [42237]. — 16.

Für den politisch wenig interessierten Philosophen kam Hitlers „Machtergreifung“ 1933 zwar nicht aus heiterem Himmel; deren Tragweite dürfte ihm spätestens bei dem handschriftlichen Vermerk „Lehrerlaubnis entzogen“ hinter seinem Namen im Personalverzeichnis der Universität Frankfurt im Wintersemester 1933/34 aufgegangen sein.

VII. Frankfurt, Wien, Oxford, New York

Abgesehen vom Wiener Studium bei dem Komponisten Berg, dem Pianisten Steuermann und dem 15-jährigen Exil hat er Frankfurt, seine „heimatliche" Geburtsstadt, kaum länger verlassen. In Berlin hatte er zwar seine Frau, Gretel Karplus, kennengelernt, und die Uraufführung von Bergs „Wozzeck" 1925 war ein zentral prägendes Erlebnis für ihn, aber letztlich war ihm die Reichshauptstadt zu plebejisch, schnell und roh, in einem für ihn unguten Sinn sowohl „preußisch" als auch „modern"; wirklich wohlgefühlt hat er sich dort jedenfalls nicht – erst recht war sie ihm als Kapitale von NS- wie später SED-Staatsallmacht suspekt.

In Berlin, wo er nie heimisch wurde, hatte er Margarethe Karplus kennengelernt. Im September 1937 heirateten beide in London; im Februar 1938 folgte die Übersiedlung nach Amerika. Die Beziehung und Ehe mit „Gretel", symbiotisch in vielerlei Hinsicht, hatte bis zu seinem Tod 1969 Bestand. Frei von gelegentlichen Krisen war sie gleichwohl kaum.

Erste Station des Emigranten war das Merton College in Oxford. Dort konnte er, akademisch abgeschieden, und unbehelligt von gravierenderen materiellen Problemen, seiner theoretischen Arbeit nachgehen. Öffentliche Wirksamkeit indes war ihm nicht beschieden. Er selbst hat die Zeit in England eher als Intermezzo empfunden, sich über diese, wenn überhaupt, alles andere als empathisch geäußert. Max Horkheimer, mit eminentem organisatorischem Geschick begabt, war es nicht nur gelungen, das Institut für Sozialforschung über Zweigstellen in Genf und Paris nach New York zu verlagern, sondern auch, Adorno zur Übersiedlung nach Amerika zu bewegen.

Damit begann für diesen eine über zehnjährige Zeit in den Vereinigten Staaten, die ihn in ungeahnte Zerreißproben versetzen würde, zugleich aber in seine letztlich produktivste

THE UNITED STATES OF AMERICA

ORIGINAL
TO BE GIVEN TO
THE PERSON NATURALIZED

No. 6172341

CERTIFICATE OF NATURALIZATION

Petition No. 109354

Personal description of holder as of date of naturalization: Age 40 years; sex Male; color White; complexion Fair; color of eyes Brown; color of hair Brown; height 5 feet 6½ inches; weight 143 pounds; visible distinctive marks None
Marital status Married; former nationality German
I certify that the description above given is true, and that the photograph affixed hereto is a likeness of me.

✓ Theodore Adorno
(Complete and true signature of holder)

UNITED STATES OF AMERICA
SOUTHERN DIST. OF CALIFORNIA } ss:

Be it known, that at a term of the District Court of The United States held pursuant to law at Los Angeles on NOV 26 1943 the Court having found that ** THEODORE ADORNO ** then residing at 316 So. Kenter Ave., Los Angeles, Cal. intends to reside permanently in the United States (when so required by the Naturalization Laws of the United States), had in all other respects complied with the applicable provisions of such naturalization laws, and was entitled to be admitted to citizenship, thereupon ordered that such person be and (s)he was admitted as a citizen of the United States of America.

In testimony whereof the seal of the court is hereunto affixed this 26th day of November in the year of our Lord nineteen hundred and forty-three and of our Independence the one hundred and sixty-eighth

Theodore L. Wiesengrund

Seal

Edmund L. Smith
Clerk of the U.S. District Court
By Wm E Cook Deputy Clerk

It is a violation of the U.S. Code (and punishable as such) to copy, print, photograph, or otherwise illegally use this certificate.

DEPARTMENT OF JUSTICE

Einbürgerungsdokument: 1943 erhielt Adorno die amerikanische Staatsbürgerschaft. Er wechselte dabei seinen Namen von Theodor Wiesengrund in Theodore Adorno, den er – ohne das zweite e – nach seiner Rückkehr nach Frankfurt beibehielt. Die amerikanische „Naturalization" gab er auf.

Phase: Adornos, auch traumatische, Amerika-Erfahrungen haben ihm zu unvergleichlichen Einsichten verholfen. Es gibt wenige Beispiele, in denen sich tiefgreifende Ambivalenzen derart produktiv ausgewirkt haben. Wobei Erfahrung hier durchaus Doppel-, ja Januskopf-Charakter hatte. So wurde der aus Deutschland emigrierte Intellektuelle schon im englischen Oxford mit einer Philosophie-Tradition konfrontiert, die weit mehr auf Empirismus und „analytische" Philosophie als auf die des Deutschen Idealismus, Hegels Dialektik und deren marxistische Fortschreibungen ausgerichtet war. Er mag sich quasi in einem goldenen Käfig befunden haben.

Theodor W. Adornos Brief vom 7. Oktober 1934 an Ernst Krenek belegt dies zumindest: „*(…) ich lebe nun hier, in einer unbeschreiblichen Ruhe und unter sehr angenehmen äußeren Arbeitsbedingungen; sachlich freilich sind Schwierigkeiten, da meine eigentlichen philosophischen Dinge den Engländern begreiflich zu machen zu den Unmöglichkeiten zählt und ich meine Arbeit gewissermaßen auf ein Kinderniveau zurückschrauben muss, um verständlich zu bleiben – was eine Aufspaltung der ganzen Arbeit in akademische und eigentliche Dinge mit sich bringt, für die ich mir eigentlich zu alt dünke (…)*".

Ob Adorno in der Lage oder auch nur ernsthaft willens war, sein Gefühl hoher intellektueller Überlegenheit zurückzunehmen? Vorstellbar immerhin ist, dass seine Frustrationen in der angelsächsischen Welt bisweilen auch mit dem Phänomen der „Selffulfilling Prophecy" zu tun hatten: Seine Geringschätzung anderer Denkweisen blieb womöglich nicht verborgen, kehrte sich als Widerstand gegen ihn selber.

Bis zum Umzug nach New York 1938 hatte Adorno in erster Linie als Theoretiker gearbeitet; selbst seine Musikkritiken waren in erster Linie ästhetischer Diskurs – allenfalls sein Komponieren war nicht primär begriffliche Tätigkeit. Durch

Empirie statt Theorie: Paul F. Lazarsfeld (1941). In New York fand Adorno 1938 eine Stelle beim Princeton Radio Research Project, wo er zusammen mit dem aus Wien kommenden Lazarsfeld empirische Erhebungen zum Musikgeschmack anstellte, die Material für Programm-Strategien liefern sollten. Anfreunden konnte er sich mit dem Umfragewesen nicht.

Horkheimers Vermittlung fand er eine Stelle beim „Princeton Radio Research Project", geriet dadurch aufs Feld musikalischer Sozialforschung: Hier ging es nicht um Fragen kompositorischer Qualität oder um philosophisch-gesellschaftliche Dechiffrierung objektiver Materialentwicklungen, sondern weit eher um Meinungsumfragen – also ums „klassische" Prinzip empirischer Sozialforschung – wie sie der aus Wien stammende Paul Lazarsfeld entwickelt hatte: Interviews, Tests, Statistiken, Hochrechnungen. Zweck des „Research Project" sollte letztlich sein, den Programm-Machern der Rundfunk-Musiksendungen Daten und Fakten an die Hand zu geben, mittels derer das Angebot möglichst effizient populistisch zu servieren sei.

Adornos Aufgabe war es, für den „frame of reference" zu sorgen, in dem alle Phänomene exakt zu vermessen waren. Im Grunde steckte schon das heutige Quoten-Denken dahinter: Nicht zuletzt das polare Schema „like/dislike" findet sich in den Entscheidungsrastern des Internet getreulich wieder.

Schockartig jedenfalls hat Adorno bei diesen Arbeiten erfahren, wie durch und durch genormt die kapitalistische Kulturindustrie verfuhr, wie sehr selbst sublimere Werke einzig unterm Verkaufsaspekt, als tönende „Ware“ programmiert wurde. Der Begriff der „Verdinglichung“ war für Adorno zwar schon vorher zentral – hier konnte er ihn geradezu hautnah erleben, und der „kritische Theoretiker“ schon seine ganze Ohnmacht angesichts des perfekt funktionierenden Systems. Seine Einsicht „*Das Ganze ist das Unwahre*“, Umkehrung von Hegels „Phänomenologie“-Prämisse, gewann da durchaus Konkretion.

In seinem Essay „Wissenschaftliche Erfahrungen in Amerika“ (1968) hat er dies leidvoll bekundet, auch wenn er sich am Schluss versöhnlich, ja dankbar zeigt. Aber ein klein wenig abendländischer Elitarismus schwingt schon mit, wenn er Misstrauen gegen den Europäer konstatiert, „*wie man es im achtzehnten Jahrhundert in bürgerlichen Schichten gegen emigrierte französische Aristokraten hegen mochte*“. Natürlich hatte er recht, dass es den Radio-Gewaltigen nicht um authentische Vermittlung „großer“ Musik ging. Aber während es zumal im deutschen Sprachraum in nahezu jeder größeren Stadt Orchester, Theater, Konservatorien gab, war das seriöse Musikangebot im weiten Amerika allenfalls sporadisch. Die Ersatzfunktion des Rundfunks war eine elementar andere.

VIII. Das verlängerte Exil: Umzug nach Los Angeles und das Epochen-Werk „Dialektik der Aufklärung“

Nach Hitlers „Machtergreifung“ 1933 mussten und wollten viele Deutschland verlassen, weil sie jüdischer Herkunft oder links, vielleicht auch nur kritisch liberal waren. Vollends galt dies für Intellektuelle und Künstler, nicht selten jüdisch und „bolschewistisch“. Dabei erwiesen sich die Fluchtwege tendenziell als polar – und dies mehr als nur im geographischen Sinn. Das Ziel hieß entweder Sowjetunion oder USA. Moskau war für viele „Linke“ das „Mekka“ der Weltrevolution, das „dritte Rom“; schon in den zwanziger Jahren zog es viele dorthin. Der Ort des Exils war also auch eine prinzipiell politische Option. Amerika indes war die Verheißung des „Landes der unbegrenzten Möglichkeiten“, und zumal für die Film-Prominenz blieb Hollywood ein unwiderstehlicher Magnet, ebenfalls schon in den zwanziger Jahren. Die vom Sowjetkommunismus Faszinierten wurden nicht selten vom Alltag im Arbeiter- und Bauernparadies desillusioniert, vollends führten Stalins Schauprozesse und „Säuberungen“ in den dreißiger Jahren die Exzesse der Diktatur vor Augen.

Folglich sahen sich die Verfolgten quasi zwischen drei Feuern: dem Nazi-Terror, der manchen, so auch Adorno, zunächst so bedrohlich nicht vorkam, so dass sie zunächst versuchten, so lange wie möglich auszuharren, dann dem Moskauer Terror, verkörpert auch im Emigranten-Asyl des „Hotel Lux“, wo sich die dem einen Horror Entkommenen zum Teil gegenseitig denunzierten. „Hotel Lux“ wurde so zum Topos der „condition humaine“: Johann Kresnik hat es zum Thema des Tanztheaters gemacht, Leander Haußmann zu einer frivol grotesken Filmkomödie in der Nachfolge von Ernst Lubitschs makabrer Farce „To be or not to be“.

Und die Vereinigten Staaten? Die Emigranten kamen, mit Ausnahme einiger Filmleute, eher aus dem bildungsbürgerlichen Milieu, verstanden unter Kultur meist die der mitteleuropäischen Tradition. Für nicht wenige war „Amerika“ ein kultur- und traditionsloses Land, geprägt durch Pioniergeist, Puritanismus und Kapitalismus, robust primär auf den Profit fixiert. „Freiwillig“ nach Amerika zu gehen, wäre nicht eben vielen in den Sinn gekommen. Doch nicht nur das Kulturklima schien wenig attraktiv: Die Verheißung eines Paradieses von „freedom and democracy“ wich in vielen Fällen rascher Ernüchterung. Das Dreieck apokalyptischer Fatalität hieß folglich: Holocaust, Gulag oder totaler, wenn nicht latent totalitärer Kommerz. Der Weg nach Westen war das entschieden kleinere Übel. Mit entsprechenden Vorbehalten haben denn auch nicht wenige der vor Hitler Flüchtenden das „gelobte Land“ betreten, das zumindest für manche „Linke“ eben auch das des „Klassenfeinds“ war – auch wenn er ihnen immerhin das Überleben gewährleistete.

Ende 1941 zogen Adorno und seine Frau Gretel nach Los Angeles, was für ihn einen nochmaligen Einschnitt bedeutete. War schon Oxford eine ihm fremde Welt, so doch eine altehrwürdige Stadt „abendländischer“ Geistigkeit; ebenso sah er in New York das Zentrum des „Amerikanismus“, zugleich aber immer noch eine Metropole partiell europäischen Zuschnitts: mit Zentrum, Kulturdistrikt und funktionierendem Theater-, Konzert- und Ausstellungsbetrieb. Während sich noch in den siebziger Jahren italienische Journalisten über Los Angeles erbosten: Das sei keine „città“, mit urbaner Mitte, Dom, Theater, Museum. Der einzige prominente Emigrant, außer einigen Film-

Behaust, doch fremd im Paradies: Ende 1941 zogen Theodore und Gretel Adorno nach Los Angeles und mieteten ein Haus in Brentwood, wo sie recht abgeschieden lebten und primär Kontakte mit deutschen Emigranten hatten. Vertraut ist Kalifornien ihm nicht geworden. Seine Kenntnis der amerikanischen Gesellschaft blieb selektiv, nicht frei von europäischen Vorbehalten.

leuten, der sich spontan zu Amerika bekannte, war Kurt Weill.

Das Gefühl der Fremdheit, Adorno als Jude aus Deutschland genügend vertraut, ist denn auch nicht gewichen. Trotzdem hat er, darin durchaus Realist, schnell, sogar mehr als nur passabel, Englisch gelernt; viele Emigranten taten sich da bedeutend schwerer. Oxford, New York, Los Angeles waren gleichwohl fortschreitende Stadien der Entfremdung – nicht nur im Sinne der geographischen Distanz zum „Nukleus" Frankfurt. Die Erfahrungen einer merkantil durchorganisierten Gesellschaft, in der potenziell alles zur Ware wird, in Adornos Sprache „verdinglicht", wurde ihm zum Schock: Wo Menschen primär als Produzenten oder Konsumenten gesehen werden, verflüchtigt sich die Idee des autonomen Subjekts. Und um diese war es schließlich der „Aufklärung" gegangen: Gleichheit als individuelle Freiheit, nicht anonym verfügbare Masse. Ebendies thematisierte die „Dialektik der Aufklärung", die er gemeinsam mit Horkheimer von 1941 bis 1944 schrieb.

Der Grundimpuls indes war nicht neu: Dass der Fortschritt der Naturbeherrschung auch zu einem der Herrschaft über den Menschen wird, tauchte als Gedanke schon früher auf. In Kalifornien wurde er verschärft, nicht zuletzt als Provokation.

Denn „Aufklärung“ in einem gegenläufigen Doppelsinn zu interpretieren, bedeutete einen Tabubruch gegenüber einem zu Recht überaus hohen Ideal europäischer Geistesgeschichte, wie es Kant 1784 formuliert hatte: „*Aufklärung ist der Ausgang des Menschen aus seiner selbstverschuldeten Unmündigkeit. Unmündigkeit ist das Unvermögen, sich seines Verstandes ohne Leitung eines anderen zu bedienen. Selbstverschuldet ist diese Unmündigkeit, wenn die Ursache derselben nicht am Mangel des Verstandes, sondern der Entschließung und des Muthes liegt, sich seiner ohne Leitung eines anderen zu bedienen. Sapere aude! Habe Muth, dich deines eignen Verstandes zu bedienen! ist also der Wahlspruch der Aufklärung.*“

„Dialektik der Aufklärung“. Das „Alter Ego“: Max Horkheimer, 1948 in Kalifornien. Das epochale Buch war eine Gemeinschaftsarbeit der beiden Philosophen, deren Anteile – Gedanken wie Formulierungen – nicht perfekt voneinander zu trennen sind. Das Kapitel „Kulturindustrie“ ist am ehesten Adorno zuzuschreiben.

Autonomie ist demnach sowohl Zweck als auch Mittel individueller Selbständigkeit, doch sie schlägt ins Gegenteil um. Denn aufklärerische Rationalität führt auch zur „Entzauberung“ der Welt, zum Verschwinden des archaischen Animismus. Daraus folgt: „*Der Animismus hatte die Sache beseelt, der Industrialismus versachlicht die Seelen. Der ökonomische Apparat stattet schon selbsttätig, vor der totalen Planung, die Waren mit den Werten aus, die über das Verhalten der Menschen entscheiden (…)*

Durch die ungezählten Agenturen der Massenproduktion und ihrer Kultur werden die genormten Verhaltensweisen dem Einzelnen als die allein natürlichen, anständigen, vernünftigen aufgeprägt. Er bestimmt sich nur noch als Sache, als statistisches Element, als success or failure.“

Horkheimer und Adorno nannten ihr Buch „Philosophische Fragmente“, sie zielten also wahrhaft aufklärerisch gerade nicht auf systematischen Zusammenhang. Hatte doch schon Nietzsche geargwöhnt, im System stecke allemal ein Moment intellektueller Unredlichkeit. So werden in zwei Exkursen Mythen ganz heterogener Art analysiert:

Einmal geht es in dem von Odysseus und den Sirenen quasi um die Dialektik der Arbeitsteilung. Zum rationalen Zweck der Selbsterhaltung müssen seine Gefährten mit verstopften Ohren rudern, um nicht den tödlichen Gesängen zu erliegen, während er – zwar fähig zu hören – aus demselben Grund an den Mast gefesselt ist. Das Überleben wird zwar so gesichert, doch um den Preis des Verlusts von Autonomie. „*Der Fluch des unaufhaltsamen Fortschritts ist die unaufhaltsame Regression.*“ Man könnte die Situation allerdings auch quasi marxistisch-kritisch noch ein wenig anders interpretieren: Die „Vielen“ müssen schuften, damit der elitäre Einzelne sich ungefährdet den Verführungen der Kunst hingeben kann. Man könnte darin auch eine latente Selbstkritik des Ästhetikers sehen.

Der andere „Mythos“ ist der des Marquis de Sade. Sollte Aufklärung der Befreiung dienen, so schlägt sie als dezidierte Normenlosigkeit in brutale sexuelle Libertinage um: „*Juliette hat die Wissenschaft zum Credo. Scheußlich ist ihr jede Verehrung, deren Rationalität nicht zu erweisen ist: der Glaube an Gott und seinen toten Sohn, der Gehorsam gegen die Zehn Gebote, der Vorzug des Guten vor dem Bösen, des Heils vor der Sünde. Angezogen wird sie von den Reaktionen, die von den Legenden der Zivilisation mit einem Bann belegt waren.*" Das ist beileibe kein Bekenntnis zur Gewalt, sondern eher ein Beweis, dass die Abschaffung etwa des rational nicht zu begründenden Gewissens nichts andersartig Moralisches an dessen Stelle setzt, sondern einzig das Recht auf eine von allen Normen, sprich Skrupeln, emanzipierte kalte Machtausübung, bei de Sade auch als schier enzyklopädisch, also, so paradox es klingen mag, „aufklärerisch" durchkatalogisierte sexuelle Gewalt. Die Folterknechte der KZs und Gulags haben sich schwerlich solcher Gedanken befleißigt. Doch wo das Individuum nur noch als statistische Masse registriert wird, gehören Terror und Vernichtung zum System. Das wahre Ausmaß des Holocausts konnten Adorno und Horkheimer in den frühen vierziger Jahren noch nicht kennen. Umso bestürzender ist ihre Hellsicht.

Am aktuellsten und bis heute von ungebrochenem Interesse ist das Kapitel „Kulturindustrie" geblieben. Es gilt der konsequenten kapitalistischen Durchorganisation der „Bewusstseinsindustrie": Das, was Aufklärung, auch die Freud'sche Psychoanalyse, verhieß, nämlich Bewusstwerdung („*Wo Es war, soll Ich werden*"), ist ins Gegenteil pervertiert. Die Apparate haben sich verselbständigt, deren anonyme Machthaber stehen nicht

Eine Inkunabel der Moderne: Titelblatt der 1947 beim Amsterdamer Querido-Verlag erschienenen Ausgabe.

minder unterm Bann des Systems, und Rationalität der Strukturen dient der Irrationalität des Ganzen. Die Wohltaten der Güterproduktion dienen der Entmündigung. Adorno fand dies schon 1864 in Alexis de Tocquevilles „Über die Demokratie in Amerika“ bestätigt: „*Der Herrscher sagt dort nicht mehr: du sollst denken wie ich oder sterben. Er sagt: Es steht dir frei, nicht zu denken wie ich, dein Leben, deine Güter, alles soll dir bleiben, aber von diesem Tage an bist du ein Fremdling unter uns.*“

Gründlich wird die Differenz von „Zivilisation“ und „Kultur“ kassiert: Alles ist machbar, (ver)käuflich. Ob im Film oder Comic, der auf Hit- und Star-Glamour getrimmten Musik: „The show must go on!“, alles dient der massenweisen Sedimentierung „falschen Bewusstseins“. Nicht zuletzt für die Achtundsechziger lieferte das Kapitel „Kulturindustrie“ Argumente wider die etablierte Kunst, mochte die auch in der Bundesrepublik noch um einiges anders aussehen als in den Vereinigten Staaten. Darin hatten die Thesen auch ihr Heikles, wurden doch auch reale Differenzen verwischt: Wenn Adorno Parallelen zwischen Nationalsozialismus, Stalinismus und amerikanischem Monopolkapitalismus, zumindest gemeinsame Strategien zur Liquidierung des Humanen entdeckte, so mochte dies für die Totalitarismen gelten, deren Zwänge tödlich unmittelbar waren. Während die amerikanische Kulturindustrie, der Hollywood-Film etwa, immerhin Wahl- und Verweigerungsmöglichkeiten ließ. Aber Adornos auch spekulativer ideologiekritischer Röntgenblick hat bei aller euro-elitären Frust-Einäugigkeit unangenehme Wahrheiten zutage gefördert. In der Verbindung von philosophischer Begriffsgeschichte, soziologischer, psychoanalytischer und politisch-ökonomischer Tiefenschärfe war die „Dialektik der Aufklärung“ ein überaus starkes Plädoyer für die Kritische Theorie.

IX. Noch einmal: Empirie – dann die Momentaufnahmen der „Minima Moralia“

War die „Dialektik der Aufklärung“ nicht zuletzt Theoriebildung, auch spekulativ – und schier apokalyptisch visionär –, so hat Adorno zum letzten Abschnitt, „Elemente des Antisemitismus. Grenzen der Aufklärung“, einen nachträglichen grundlegenden, gleich zweifachen Kontrapunkt verfasst. So sehr er sowohl von der Gleichrangigkeit als auch Untrennbarkeit von Philosophie, Soziologie, Psychologie und, vor allem musikalischer, Ästhetik überzeugt war, so hatte er doch seine Präferenzen. Die empirische Sozialforschung zählte nicht unbedingt dazu: Die theoretische Ausdeutung war ihm allemal wichtiger als die statistische Auswertung; statistische Umfrageergebnisse verschmähte er zwar nicht generell, doch machte er auch keinerlei Hehl daraus, dass ihm an der „dritten Stelle hinter dem Komma“ nicht im Mindesten gelegen war. Bei seinen Text-Ausdeutungen oder musikalischen Analysen war ihm sehr wohl bewusst, „dass der Teufel im Detail steckt“, während er bei manchen empirischen Befunden sogar der Meinung sein konnte, dass im positivistischen Vertrauen auf die Aussagekraft schon der reinen Zahlen eine Fetischisierung des bloß Faktischen lauere, die realer Aufklärung zuwiderlaufe.

Dennoch konnte er sich keineswegs generell der Empirie verweigern, schon beim „Princeton Radio Research Project“, auch wenn die dortigen Erfahrungen ihn in seiner Skepsis eher bestätigten. Mit weit größerem und fruchtbarerem Engagement beteiligte er sich ab 1944 an den kollektiven „Studies in the Authoritarian Personality“, in denen es vor allem um die manifesten wie latenten Symptome für Antisemitismus-

Denk- und Schreibwerkstatt: „The Authoritarian Personality" (New York 1950) war ein Gemeinschaftswerk, bei dem Adorno mit amerikanischen Sozialpsychologen empirische Untersuchungen zu Genese und Struktur von Vorurteilen anstellte. Max Horkheimer hat dieses Stillleben fotografiert.

Anfälligkeit geht, wie sie Adorno in den Vereinigten Staaten ähnlich virulent vorfand wie in „Old Europe". Das wahre Ausmaß des Holocausts enthüllte sich ihm wenig später in seinem ganzen Grauen: „Auschwitz" wurde für ihn zum Inbegriff elementaren, wahrhaft apokalyptisch totalen Schreckens und hat sein Denken in einer unabweislichen Mischung aus fatalistischer Obsession und aufklärerischem Einspruchsversuch bis zu seinem Tod bestimmt.

Den „autoritären Charakter" diagnostizierte er – ganz im Gegensatz zu dem von Walter Benjamin geschilderten grundsätzlich kritisch opponierenden „destruktiven Charakter" – auch in der amerikanischen Gesellschaft allenthalben: als tiefsitzende Bereitschaft, bestehende Verhältnisse zu akzeptieren, ja als schlechthin gottgewollte zu verklären, sich Autoritäten rückhaltlos zu unterwerfen, Vorurteile nicht nur ungeprüft zu übernehmen, sondern aggressiv zu verfestigen – vor allem „Juden“ und „Negern“, aber grundsätzlich auch gegenüber allen anderen „Minoritäten“ gegenüber, also selbst Frauen, erst recht Homosexuellen. Als nicht minder erschreckend erwies sich die Neigung, Abweichungen von der „Norm“ zugunsten des höheren, besseren „Ganzen“ notfalls mit Gewalt zu ahnden. Autoritätshörigkeit bekundete sich demnach nicht nur als stets regierungskonforme Untertanenhaltung, sondern fast mehr noch als generelle Unterwerfung unters „gesunde Volksempfinden“, unters Reglement staatlicher Institutionen wie die ungeschriebenen Gesetze der Majorität, die immer Recht hat.

Man mag einwenden, die amerikanische Gesellschaft der vierziger Jahre und die bundesrepublikanische des frühen 21. Jahrhunderts seien kaum miteinander vergleichbar, die Studien zur autoritären Persönlichkeit also letztlich anachronistisch. Dem wäre entgegenzuhalten, dass etwa die rechtsradikalen Gewalttäter zwar als Einzelakteure eingestuft wurden: Doch ohne ein breites mehr oder minder latent einverständiges „Milieu“, eine andere Form von „Sympathisantensumpf“, hätten die rechtsradikalen Mörder und Schläger nicht ihre schaurige Wirkung entfalten können. Auch bei den hauptsächlich nicht öffentlichen Debatten über die Thesen Thilo Sarrazins kam nicht eben wenig aggressives Vorurteilspotenzial zum Vorschein.

Eine erste Arbeit des 1950 in Frankfurt neugegründeten Instituts für Sozialforschung war die Studie über „Schuld und Abwehr“, basierend auf Umfrage-Untersuchungen von 1950 bis 1951. Diente das vorangegangene amerikanische Projekt dem Nachweis faschistoider Tendenzen auch in Amerika, so widmete sich die deutsche Studie der Aufarbeitung der NS-Vergangenheit und den obligaten Reaktionen im Sinne des „Davon haben wir nichts gewusst“, „Daran waren wir doch nicht schuld“, „Die Juden waren doch selber schuld“, „Was haben denn die Alliierten alles verbrochen“ bis zum finalen „Schwamm drüber“. Verdrängen, Rechtfertigen, Schuld-Verschieben sind die hauptsächlichen Reaktionen. Die Protokolle und deren Auswertungen liefern ein gesprenkeltes, in der Hauptsache eher bedrückendes Bild des Nachkriegsdeutschlands: Von „Bewältigung“ der Vergangenheit konnte jedenfalls nur sehr bedingt die Rede sein.

Hatte es Adorno gemeinsam mit Horkheimer in der „Dialektik der Aufklärung“ unternommen, die unheilvolle Verschränkung von Fortschritt und Regression, von Freiheitsverheißung und Unterdrückung als Kritische Theorie stringent zu formulieren, so dienten die empirischen Erhebungen und deren inhaltliche Auswertungen zu den Strukturen des Vorurteils sowohl in Amerika als auch in der frühen Bundesrepublik dem Nachweis allemal virulenter Autoritätshörigkeit: Themen wie Darstellungsformen entsprachen sich.

Einer dritten Sphäre, der des eher alltäglichen Lebens, war eine Sammlung gänzlich anders gearteter Texte gewidmet: „Minima Moralia – Reflexionen aus dem beschädigten Leben“. Entstanden zwischen 1944 und 1947, Max Horkheimer gewidmet, erschienen sie 1951 bei Suhrkamp – und wurden bald intensiv rezipiert, ja schier zum Vademecum radikaler Kulturkritik, gemünzt vor allem auf die amerikanische Nachkriegsgesellschaft mit ihrer alle Lebensbereiche durchdringenden kapitalismusimmanenten Bewusstseinsindustrie. Mit dem wunden, so desillusionierten wie desillusionierenden Blick des mitteleuropäischen bildungsbürgerlichen Emigranten auf das trügerische kalifornische Paradies im Umfeld Hollywoods hat

Adorno – so zusammenhängend wie unsystematisch – die aktuellen Symptome analysiert: eben als Wundmale „beschädigten Lebens“.

Dabei böte ein Aphorismus des französischen „Moralisten“ Antoine de Rivarol (1753–1801) einen – wenn auch leicht klobigen – Schlüssel für Adornos gesellschaftskritischen Impetus: „*Die Philosophen sind eher Anatomen als Ärzte; sie zerlegen und heilen nicht.*“ Es geht also weitaus mehr um scharfe analytische Diagnostik am leidenden Subjekt im gesamtgesellschaftlichen Objekt als um irgend wohlmeinende Therapievorschläge. Rivarol und die „Moralisten“ erscheinen hier alles andere als zufällig: Zu „Aufklärung“ und früher Moderne gehören sie sowohl als Gesellschaftskritiker als auch in der Abneigung gegen, gar metaphysische, System-Konstruktionen: Ihre literarischen Gattungen waren knapper Essay und pointierter Aphorismus. Inhalt und Form bedingen sich gegenseitig.

Wenn Adorno im 29. der 153 kurzen Texte (zehn zunächst ungedruckte wurden im Anhang veröffentlicht) Hegels berühmt-berüchtigtes Diktum „Das Wahre ist das Ganze“ umkehrt: „*Das Ganze ist das Unwahre*“ – dann ist damit schon das Grundthema des Spätwerks angeschlagen: „Negative Dialektik“. Doch schon die „Minima Moralia“ stehen im Zeichen gleich dreifacher Negativität: des unvergleichbaren Grauens des Namens Auschwitz, der amerikanischen Reduktion von Kultur auf ihren uniformen Warencharakter – und der Verweigerung systemhafter Geschlossenheit. Im Zug zur zeitkritischen Momentaufnahme mit heilsam bösem Blick folgt Adorno Kierkegaard, Schopenhauer, Nietzsche und Karl Kraus – Moralisten wider die verlogene Moral. Und so beschwört er – in der „Zueignung“ für Horkheimer – als authentischen Bereich der Philosophie „*die Lehre vom richtigen*

Leben. Was einmal den Philosophen Leben hieß, ist zur Sphäre des Privaten und dann bloß noch des Konsums geworden, die als Anhang des materiellen Produktionsprozesses, ohne Autonomie und eigene Substanz, mitgeschleift wird (...) Der Blick aufs Leben ist übergegangen in die Ideologie, die darüber betrügt, dass es keines mehr gibt."

Ein auswegloser Pessimismus spricht aus nicht wenigen dieser Texte, und zwar in doppelter Gestalt: dessen, der der Vernichtung durch den totalen Staat gerade noch entronnen ist – und dessen, der sich vom totalen Kommerz paralysiert fühlt. „*Es gibt kein richtiges Leben im falschen.*" Zusätzlich hat er dem zweiten Teil noch ein Motto des britischen Hegelianers Bradley vorangestellt: „*Where everything is bad / it must be good / to know the worst.*" Wohin der Exilant im gleisnerischen Umfeld der „Traumfabrik" Hollywood auch blickt, er sieht einzig die Entwürdigung des Individuums durch perfekte Funktionalisierung. Im Vorfeld erlebte er ebendies schon im von ihm wenig geliebten Berlin: „*Die Phrase: ‚Kommt überhaupt gar nicht in Frage' (...) ist potenziell schon die Machtergreifung.*" Und selbst „Ein Quentchen Trost" stabilisiert nur das inhumane System: „*Es gibt nichts Harmloses mehr (...) Aus jedem Besuch des Kinos komme ich bei aller Wachsamkeit dümmer und schlechter wieder heraus (...) Alles Mitmachen, alle Menschlichkeit von Umgang und Teilhabe ist bloße Maske fürs stillschweigende Akzeptieren des Unmenschlichen. Einig soll man sein mit den Leiden der Menschen: der kleinste Schritt zu ihren Freuden hin ist einer zur Verhärtung des Leidens.*"

Bei aller oft fatalistischen Monomanie sind die Texte in Inhalt wie Genre heterogen, erinnern nicht selten an die Romantiker-Zyklen musikalischer Charakterstücke: Impromptu, Prélude, Intermezzo, Capriccio, Fantasie; sogar an die Kaleidoskopik von Beethovens Diabelli-Variationen. „Gerecht“ gegenüber Amerika, dem Land, das ihm immerhin das Leben gerettet hat, sind die „Minima Moralia“ schwerlich, und alles, was seiner Negativ-Totale nicht entspricht, wird weggeblendet. Was aber hält er dem „perennierenden Unheil“ entgegen? Letztlich schimmern als melancholische Reminiszenz immer wieder die ihm altvertrauten Inkunabeln europäischer, vor allem deutscher Kultur durch. Sehnsüchtig werden sie beschworen, keineswegs selten als nicht jedem mehr geläufige Zitate, schier bildungsbürgerliches „Namedropping“. Ob „Faust“, Hölderlins „Patmos“, „Figaro“, Lieder Schuberts, Schumanns, Brahms' und Mahlers, Verlaine oder Trakls Gedichtvers „Wie scheint doch alles Werdende so krank“ – in der Fremde werden wehmütige Erinnerungen an berührende Kunstwerke zur Aura eines *credo quasi absurdum*.

Hollywood: Hanns Eisler, kommunistischer Schönberg-Schüler, war in einer zwiespältigen Lage: „Autonomer“ Kunst misstraute er, der „Traumfabrik“ Hollywood ebenso. Die Musik zu einem Piraten-Film mit den Stars Paul Henreid und Maureen O'Hara (1945) schrieb er aus Geldnot. „Die Seeteufel von Cartagena“ kamen 1950 in die deutschen Kinos.

Gibt es da und dort nicht wenigstens den Anschein eines wie auch immer Positiven? Auffällig beiläufig immerhin taucht eine Art Reflex messianischer Utopie auf: „*Dem Kind, das aus den Ferien heimkommt, liegt die Wohnung neu, frisch, festlich da (...) Nicht anders wird einmal die Welt, unverändert fast, im stetigen Licht ihres Feiertags erscheinen.*“ In einem Text Walter Benjamins („In der Sonne“, 1932), den Adorno sicher kannte, heißt es: „*Es gibt bei den Chassidim einen Spruch von der kommenden Welt, der besagt: es wird dort alles eingerichtet sein wie bei uns. Wie unsere Stube jetzt ist, so wird sie auch in der kommenden Welt sein (...) Alles wird sein wie hier – nur ein klein wenig anders.*“ Die Frage nach einer geheimen jüdischen Eschatologie bei Adorno fände zusätzlich immerhin einen Hinweis im letzten Text: „Zum Ende“. „*Philosophie, wie sie im Angesicht der Verzweiflung einzig noch zu verantworten ist, wäre der Versuch, alle Dinge so zu betrachten, wie sie vom Standpunkt der Erlösung sich darstellten (...), weil die vollendete Negativität, einmal ganz ins Auge gefasst, zur Spiegelschrift ihres Gegenteils zusammenschießt (...) Selbst seine eigene Unmöglichkeit muss er noch begreifen um der Möglichkeit willen. Gegenüber der Forderung, die damit an ihn ergeht, ist aber die Frage nach der Wirklichkeit oder Unwirklichkeit der Erlösung selber fast gleichgültig.*“

Auf Kalifornien als traumatisches Labyrinth konnte Adorno nur mit Verweigerung von Sinn reagieren. Ein Moment von „Selffulfilling Prophecy“ war da sicher mit im Spiel: Vom Unheil, das er fürchtete, hoffte er insgeheim, es möge eintreten, und ihm so recht gegen die Welt geben. Zugleich hegte er offenkundig die Hoffnung, wie sie Enzo Siciliano Pier Paolo Pasolini zuschrieb: „*Er sagte die Apokalypse voraus und war zugleich überzeugt, dass seine Worte sie bannen würden.*“

Heikel nicht zuletzt ist der Topos vom „beschädigten Leben“, der, wie indirekt auch immer, die Vorstellung nahelegt, es habe ein „heileres“ Früher gegeben. Ob die Welt, die 1918 unterging, so sehr viel humaner war? Karl Kraus, Adornos Vorbild in manchem, war da ganz anderer Ansicht, sah „Die letzten Tage der Menschheit“ sogar schon vor 1914 angebrochen. Adorno freilich hatte durchaus Grund, die Menschheitsgeschichte in die vor und die nach Auschwitz zu trennen. Seine Geschichtsphilosophie bleibt durch und durch schwarz, selbst darin letztlich noch metaphysisch grundiert.

Wenn etwas an den „Minima Moralia“ irritiert, dann ist dies eine besondere Form von Eindimensionalität: Die Verfalls- und Beschädigungssymptome nämlich werden fast ausschließlich im Bereich des, marxistisch gesprochen, „Überbaus“ konstatiert. Auf einer, wenn auch weit aufgefächerten, Ideologie-Ebene wird zwar beklagt, was den Individuen im durch und durch „falschen Leben“ alles angetan wird. Doch die Alltagsrealität, nicht zuletzt die Arbeitswelt, die Ausbeutung und Unterdrückung, von der Rassendiskriminierung ganz zu schweigen, kommen nicht vor, allenfalls mehr oder minder metaphorisch. Dem Einwand, darin spiegele sich auch der Elitarismus des exilierten deutschen Kulturbürgers, der Adorno auch war, ist zwar in vielen Fällen eine gehörige Portion Antiintellektualismus beigemischt; ganz untriftig indes ist er nicht.

15 Jahre nach den „Minima Moralia“ erschien, ebenfalls bei Suhrkamp, eine ähnliche Sammlung kurzer gesellschaftskritisch analytischer Texte: Roland Barthes’ „Mythen des Alltags“. Der französische Strukturalist ging da ebenfalls Alltagsphänomenen nach, die er mit bitterem Blick dechiffrierte, doch weitgehend ohne die Vanitas-Gebärde eines kapitalisti-

schen „Apocalypse now“-Weltekels. Für nicht wenige Intellektuelle der sechziger und siebziger Jahre wurden beide Bücher zu konträren, ja rivalisierenden Modellen aktueller Bestandsaufnahme.

X. Philosophie der neuen Musik

So sehr auffallen mag, dass in der „Dialektik der Aufklärung" wie in den „Minima Moralia", erst recht natürlich in den Studien zum Vorurteil, ästhetischen Fragen, genuin musikalischen zumal, weniger Raum gewährt wurde, so unverkennbar bleibt, dass gleichwohl die Reflexion auf den Zustand der Musik ein Kontinuum des Adorno'schen Denkens war, von den Kritiken der frühen zwanziger Jahre bis zur Fragment gebliebenen „Ästhetischen Theorie" aus dem Todesjahr 1969. Trug schon der längere Essay „Zur gesellschaftlichen Lage der Musik" (1932) deutlich grundsätzliche Züge, so bildet die im amerikanischen Exil entstandene „Philosophie der neuen Musik" quasi das Mittelstück: ein Zentrum, auf das verschiedene Entwicklungslinien zulaufen, von ihm aber auch wieder weiterführen.

„Philosophie der neuen Musik": Adornos erstes umfangreicheres explizit ästhetisches Werk erschien schon 1949. Zunächst hauptsächlich auf die Schönberg-Schule fokussiert, war es um einen dezidiert kritischen Teil über Strawinsky erweitert worden.

Gänzlich anders als die „Dialektik der Aufklärung" und „Minima Moralia" hat die „Philosophie der neuen Musik" drei Jahrzehnte den ästhetischen Diskurs übers Komponieren beflügelt, aber auch beengt, sei es durch Dogmatismus, sei es durch schlichte Missverständnisse. Diese Nachwirkungen sind bis in die jüngere Vergangenheit zu spüren. So fand im März 2007 an der Universität Salzburg ein international hochkarätig besetzter Kongress über Igor Strawinsky statt. Und bald – zunächst überraschend, dennoch keineswegs ganz unerwartet – kam es zum Dissens, wurde die alte Antithese Schönberg-Schule oder Strawinsky wieder virulent. Um ebendiesen Gegensatz war es in der „Philosophie der neuen Musik", einem der „heiligen Bücher" neuerer Musikästhetik, gegangen. Dabei ist es kein geschlossenes Werk: Der Schönberg-Teil entstand schon in den Jahren 1940–1941, der über Strawinsky nach 1945. Adornos Vorwort ist datiert: Los Angeles 1. Juli 1948. Die „Philosophie der neuen Musik" erschien 1949 als sein erstes Buch in Deutschland nach 1933. Es hatte also eine doppelte Funktion, sollte den vertriebenen Autor wieder in seiner „Heimat" vorstellen – und zugleich die bislang verfemte musikalische Moderne nicht nur erneut ins Bewusstsein bringen, sondern zugleich kritisch in ihren Intentionen wie Phänomenen aufschlüsseln. Weder ging es dabei um Musikwissenschaft noch um Kompositionskritik: „*Das Buch möchte als ein ausgeführter Exkurs zur ‚Dialektik der Aufklärung' genommen werden.*"

Überblickt man Adornos reich verzweigtes Œuvre auch nur halbwegs, so fallen zwei Hauptstränge auf: eine tief pessimistische Geschichtsphilosophie, mit Auschwitz als apokalyptischem Gravitationszentrum, und eine auf striktest fortschrittliche Konsequenz bedachte Ästhetik. Die Kunst also als günstigstenfalls in ihrer Radikalität authentisch gelingende Gegenwelt zur Schreckenstotalität des Weltenlaufs. Im Nachkriegsdeutschland, gespalten zwischen mehr oder minder verdrängten Schuldgefühlen und dem „Wir sind wieder wer!" des „Wirtschaftswunders", war die Konfrontation mit einer zuvor als „entartet" gebrandmarkten Kunst und deren philosophischer Interpretation, so schwierig wie düster, eine Herausforderung, nicht selten ein Schock – wenn auch ein oft bleibend heilsamer. Kunst nämlich war für Adorno alles andere als eine heil-entrückte Welt des Wahren, Schönen, Guten. Programmatisch dient denn auch der schon erwähnte Satz Hegels als Motto: „*Denn in der Kunst haben wir es mit keinem bloß angenehmen oder nützlichen Spielwerk, sondern (…) mit einer Entfaltung der Wahrheit zu tun.*"

Damit ist es dem Philosophen bitter ernst: „*Dies ist nur Musik; wie muss vollends eine Welt beschaffen sein, in der schon Fragen des Kontrapunkts von unversöhnlichen Konflikten zeugen. Wie von Grund auf verstört ist Leben heute, wenn sein Erzittern und seine Starre dort noch reflektiert wird, wo keine empirische Not mehr hineinreicht, in einem Bereich, von dem die Menschen meinen, er gewähre ihnen Asyl vor dem Druck der grauenvollen Norm, und das doch sein Versprechen an sie nur einlöst, indem es verweigert, was sie von ihm erwarten.*"

Trost einzig im Trostlosen, Verweigerung, „Negativität" sind Topoi, die seit den vierziger Jahren bestimmend für die Kritische Theorie geworden sind, und gerne verwies Adorno auf den Satz des Vormärz-Dramatikers Christian Dietrich Grabbe: „Denn nichts als nur Verzweiflung kann uns retten." Einzig in einer Kunst der radikalen Absage an Normen, Traditionen, ans „Positive", gar die Werte des „Erhabenen", die unkorrumpierbar durchs Bestehende dem fatalen Fortgang der Geschichte standhält, steckt Hoffnung. In der Musik Schönbergs und seiner Schüler Berg und Webern vernahm er das dialektische „Ineins" von Aktualität und Widerstand – und dies vor allem in der expressionistischen Phase freier Atonalität, ungebundener, dem jähen Ausdrucksimpuls folgender, dissoziativ-eruptiver Werkgestalt. Schönbergs Monodram „Erwartung“ wurde ihm zum Inbegriff einer Kunst, die den kollektiven Ängsten der Zeit vor dem Ersten Weltkrieg den subjektiv zugespitztesten Ausdruck verlieh. Dass Wien auch die Stadt Freuds und der Psychoanalyse war, sollte hier nicht vergessen werden. Gerade die schlüssigsten „freien“ Werke Schönbergs und seiner Schüler haben etwas vom kreativen Phantasie-Potenzial des ungehemmten Assoziierens, das indes nicht zufällig erfolgt, sondern aus konsistentem innerem Druck. Die unerhörte Dichte des kompositorischen Verlaufs entspricht demnach der Stringenz der tönenden Einzelerscheinungen, die gerade nicht überkommenen formalen Rezepten folgen. Mit gutem Grund sprach Schönberg vom „Triebleben der Klänge“, und Adorno folgte ihm darin. Eben darin hat die konsequente Moderne ihre eigene Objektivität, auf die Adorno sogar mit einem Satz Freuds verweist: *„Die Schöpferkraft eines Autors folgt leider nicht immer seinem Willen; das Werk gerät, wie es kann, und stellt sich dem Verfasser oft wie unabhängig, ja wie fremd, gegenüber.“*

Der Autor der „Philosophie der neuen Musik“ geht freilich noch weiter in der Beschwörung des „objektiven Geistes“, indem er, im Sinne der Hegel’schen Dialektik, den Gang der (Welt-)Geschichte und den Prozess des sich in Widersprüchen abarbeitenden Denkens zusammen sieht. „Objektiver“ Stand des historischen Materials der Musik und radikale subjektive Konsequenz des Umgangs mit diesem gehören zusammen. Allzu oft ist das Buch auf missverstanden-missverständliche Thesen reduziert worden: Adorno hat die Schönberg-Schule und ihre Auswirkungen nicht pauschal verherrlicht, sondern plausibel verdeutlicht, dass etwa die Zwölfton-Technik eine sich „herauskristallisierende“ Konsequenz der radikal freien Atonalität war, darin aber gleichzeitig, eben dialektisch, zum System gerann, das der undomestizierten Freiheit des expressionistischen Elans widersprach. Denn nur im ungeschönten Ausdruck unstillbaren Leidens erweist sich die Wahrheit von Kunst, die aber keineswegs zur bloß behaupteten „Botschaft“, gar zum positiven „Sinn“ manipuliert werden darf: „*Sie ist die wahre Flaschenpost.*“ – Eine Formulierung, die Adornos Vorstellungen vom authentischen Kunstwerk stetig durchzogen hat. Die Behauptung, er habe, gar dogmatisch, ästhetischer Affirmation und technokratischer Systematik das Wort geredet, ist schlicht unhaltbar. Prekärer ist das Festhalten an einer wie auch immer widersprüchlichen und gebrochenen Ausdrucksästhetik im Sinne einer nicht selten lyrischen Jahrhundertwende. Auch manche seiner Vertonungen von Gedichten Stefan Georges, Georg Trakls oder Theodor Däublers zeugen davon, stehen für die Suche nach der Einheit von Expression und Konstruktion.

Dass er mit diesen Voraussetzungen nur einen begrenzten Zugang zur objektivistischen, ja mechanistischen Ästhetik des Montage-Künstlers und (Stil-)Masken-Spielers Strawinsky haben würde, ist einsichtig. Allenthalben sieht und hört er bei ihm nur „*Ausdrucksfeindschaft*“: „*Die Indifferenz zur Welt kommt auf das Abziehen aller Affekte vom Nicht-Ich, auf narzisstische Gleichgültigkeit gegen das Los der Menschen heraus, und diese Gleichgültigkeit wird ästhetisch als Sinn ihres Loses zelebriert.*“ Oder anders: „*Alle sind eins in der Starrheit des Rituals.*“ So wie die Subjekte in den frühen Balletten „Petruschka“ und „Sacre“ schließlich als vernichtete erscheinen, so sei insgesamt aller Sinn – als Einspruch gegen die Allmacht des „totalen“ kollektiven Apparats – entwichen. Strawinsky verfüge nur noch kalt über mechanisierte Puppen. Wobei dies nicht nur fürs Theater gelte, sondern generell für die auch musikalischen Gestalten. Letztlich tendiert Adorno zur Verklärung der deutsch-österreichischen „absoluten" Musik als einer autonomen Sprache, während er in Strawinskys Bühnen-Musik-Collagen das entmenschte Räderwerk wahrnimmt. Seine „Sachlichkeit" sei das Korrelat zur universalen „Verdinglichung" aller Lebensbereiche. Solcherart „Moderne" ließ den Philosophen schaudern, der mit der performativen Multimedialität von Theater wie auch Film nur wenig anfangen konnte.

Das überaus kritische Strawinsky-Bild der „Philosophie der neuen Musik" hat er zwar später „dialektisch" korrigiert; doch am Grundvorbehalt hat sich wenig geändert. Eine, obschon punktuelle, Revision hat er freilich vorgenommen. Mitte der

Strawinskys Ideal neoklassizistischer Objektivierung stand für Adorno im Zeichen der „Verdinglichung": Die Kunst der „Neuen Sachlichkeit" schien ihm das drohende Ende lebendiger Subjektivität vorwegzunehmen. In Strawinskys Musik (hier dirigiert er 1931 in Berlin) sah er denn auch Zeichen quasi technokratisch seelenloser Kälte.

sechziger Jahre wurde in Frankfurt Strawinskys Konzert für Klavier und Blasorchester (1924), eines seiner exponiertesten neoklassizistischen Werke, gespielt, und Adorno applaudierte heftig. Auf den Widerspruch zu seiner sonstigen Abneigung angesprochen, antwortete er entspannt: Nun, da die Gefahr gebannt sei, dass diese Art Musik zur dominierenden werde, könne man sich solch vorzügliche Werke mit großer Lust anhören. Wenn Karl Marx einmal sagte: „Moi, je ne suis pas marxiste“, dann konnte man auch bei Adorno bisweilen aparte Differenzen zur Dogmatisierung erkennen.

XI. Der Einzelgänger im Duo

Dass ein wahrer Künstler und zugleich Philosoph nur als Individualist, ja Einzelgänger vorstellbar ist, leuchtet ein. Auch wenn die Idee des charismatischen Solitärs dem romantischen Genie- und Geistesheroenkult entstammt, dem der junge Theodor Wiesengrund noch durchaus verhaftet war, dessen Bewusstsein des eigenen Sonderstatus, ja der Auserwähltheit schon früh sich manifestierte. Zumal ausgeprägt narzisstische Züge ihm keineswegs fremd waren und mit seiner Verletzlichkeit dicht verknüpft. Wenn über Jahrzehnte von denen, die ihn kannten – oder auch bloß vorgaben, ihn gekannt zu haben –, seine „Eitelkeit" hervorgehoben wurde, dann ist dies eben nur die halbe Wahrheit. Korrigiert nämlich wird sie nicht zuletzt durch seine dualen Kooperationen. Schon im „Princeton Radio Music Research" hatte er in New York mit dem Soziologen Paul Lazarsfeld und seinem Team zusammengearbeitet – bei aller Unterschiedlichkeit der Ansätze von Empirie und Kritischer Theorie. Und die „Dialektik der Aufklärung" war ein Gemeinschaftswerk von Adorno und Horkheimer. Und auch wenn wichtige Teile des Buchs, vor allem zur „Kulturindustrie", hauptsächlich von Adorno stammten, so hat dieser doch stets Wert darauf gelegt, dass es beider Gedankengänge und Formulierungen waren. Im kalifornischen Exil entstanden indes noch zwei weitere Bücher, ein außerordentlich berühmtes und ein eher spezielles, an denen Adorno essenziell beteiligt war. Zwar mag es auch bei der „Dialektik der Aufklärung" Konflikte, Rivalitäten gegeben haben, manifest zumindest wurden sie aber nicht. Während sowohl bei Thomas Manns großem Roman „Doktor Faustus" als auch bei dem zusammen mit dem Schönberg-Schüler Hanns Eisler verfassten Band „Composing for the Films" nachträglich Kontroversen, obschon höchst unterschiedlicher Art, zutage traten.

Geistesfürst im Exil: Thomas Mann. Adorno bewunderte den Nobelpreisträger, war stolz auf dessen Anerkennung. Ganz ungebrochen war beider Verhältnis nicht. Für „Doktor Faustus" hat Adorno entscheidende kompositionstechnische wie geschichtsphilosophische Anregungen geliefert, ist sogar als Figur mehrfach in den Text eingegangen.

Schon 1904 hatte Thomas Mann notiert: „*Figur des syphilitischen Künstlers: als Dr. Faust und dem Teufel Verschriebener. Das Gift wirkt als Rausch, Stimulans, Inspiration; er darf in entzückter Begeisterung geniale, wunderbare Werke schaffen, der Teufel führt ihm die Hand. Schließlich aber holt ihn der Teufel: Paralyse.*" Doch erst im Mai 1943 beginnt er mit dem Epochen-Roman, in dem er die Tragödie des charismatischen, vielfach angefochtenen Künstlers mit derjenigen Deutschlands unter dem Nationalsozialismus, einem anderen „Teufel" verschrieben, in eins setzt. Und für den von Musik besessenen, ambivalent auf Wagner fixierten Schriftsteller kann zur „faustisch" legendären Schlüsselfigur der „Musiknation" nur ein

Musiker, Komponist werden: „Das Leben des deutschen Tonsetzers Adrian Leverkühn, erzählt von einem Freunde."

Für den in mehrfacher Hinsicht konservativen Thomas Mann war wahre Musik in erster Linie die deutsch-österreichische des 18. und vor allem 19., allenfalls frühen 20. Jahrhunderts; ähnlich empfanden Bruno Walter und Wilhelm Furtwängler und – zumindest unterm Traditionsaspekt – sogar Adorno. Mit der modernen „atonalen" Musik konnte Mann kaum etwas anfangen; entsprechend fehlten ihm auch ausreichende Kenntnisse. Doch ein gefährdeter, radikal avantgardistischer Künstler als Parallelfigur zur deutschen Katastrophe sollte es schon sein. Also bedurfte der gefeierte Literat der Unterweisung durch einen mit den jüngsten Entwicklungen vertrauten Musikexperten, involviert in die aktuellen kompositionstechnischen Problemstellungen, ohne selbst primär Komponist zu sein. Darüber hinaus aber suchte Mann einen musikalisch überaus (sogar auch praktisch) kompetenten Intellektuellen, beschlagen in allen ästhetisch-theoretischen Fragen – und begabt mit dem „spekulativen Gehör".

Adorno, den Mann 1943 kennenlernte, war der Erhoffte, er wurde zum „Helfer, Ratgeber und teilnehmenden Instruktor". Und dies in gleich dreifacher Weise. So spielte Adorno ihm Beethovens letzte Klaviersonate c-Moll op. 111 vor und erläuterte sie ihm – und avancierte damit zur Romanfigur Wendell Kretzschmar, der ebenfalls das Werk vorträgt und skurril gleichzeitig kommentiert; wobei in seinen Anmerkungen zu manch Widersprüchlichem Formulierungen aus Adornos Essay „Zum Spätstil Beethovens" fast wörtlich montiert erscheinen. Und noch etwas: Thomas Manns Affinität zur Philosophie war hauptsächlich durch Schopenhauer und Nietzsche geprägt. Zu Hegel hatte er kaum Zugang. Doch wenn der an Beethoven und seiner eigenen Ekstase sich berauschende Kretzschmar das in „schwindelnden Höhen“ sich verlierende Arietta-Thema des zweiten Variationensatzes und Beethoven als *„in Absolutheit schmerzlich isoliertes (…) noch vom Sinnlichen isoliertes Ich, der einsame Fürst eines Geisterreichs“* in Beziehung setzt, dann paraphrasiert er den Schluss von Hegels „Phänomenologie des Geistes“, die er erst durch Adorno kennengelernt haben dürfte. Thomas Mann hat seinem Mentor sogar ein literarisch tönendes Denkmal gesetzt, indem er Kretzschmar das Thema überpoetisch als „Himmelsblau“ und „Wiesengrund“, ja schließlich sogar als „O – du Himmelsblau“ und „Grüner Wiesengrund“ skandieren lässt. Frei von Ironie ist dies natürlich nicht; zumal der exaltiert ergriffene Beethoven-Interpret Kretzschmar als schwerer Stotterer dargestellt wird, eine durchaus komische Figur. Während man sprachlich-rhetorische Blockiertheit Adorno nun wirklich nicht nachsagen konnte.

Die Gegenfigur: Arnold Schönberg. Der Komponist, Begründer der Zwölfton-Technik, war in seinem hohen Sendungsbewusstsein nicht frei von Empfindlichkeit. Es kam zu einem Streit über die alleinige Priorität Schönbergs für die Dodekaphonie. Adorno geriet zwischen zwei Feuer. Thomas Mann lenkte schließlich diplomatisch ein.

Aber Adorno war für Mann nicht nur als Beethoven-Exeget hilfreich. Wichtiger noch wurde die „Philosophie der neuen Musik“, deren Schönberg-Teil er ihm in der Rohfassung übergab. Doch damit keineswegs genug: Thomas Mann, nicht unbedingt ein „Modernist“, ist im „Doktor Faustus“ den Montage-Techniken der Avantgarde so nahe gekommen wie in keinem anderen Werk. Davon zeugen vor allem die mindestens vier Epiphanien Adornos im Roman. Die liebenswürdig skurrilste, fast burleske Inkarnation war zweifellos Kretzschmar. Die anderen sind Quasi-Überblendungen des intellektuellen Emigranten und der Figur des Teufels; wobei manche jüdischen Konnotationen am Rande zur antijüdischen Karikatur liegen: einmal in Gestalt des Dr. Chaim Breisacher, eines fanatischen Auflösungsgeistes, in dem Analogien zum Naphta (alias Georg Lukács) vom „Zauberberg“ erkennbar sind, dann in der des umtriebigen Musik-Impresarios Saul Fitelberg, dessen Loblied auf seinen „Zaubermantel“, der Leverkühn jederzeit bringe, wohin er auch immer wolle, als Anspielung auf Goethes Mephisto unverkennbar ist.

Vor allem aber besteht Kapitel XXV, gleichsam Achse des gesamten Werkes, aus einem imaginären, vielleicht nur geträumten Zwiegespräch zwischen „Ich“ (Leverkühn) und „Er“, einem geheimnisvoll aufgetauchten, zudem metamorphosenreichen nächtlichen Gast-Geist, niemand anderem als dem Teufel selbst. Und nicht nur lassen sich in der obschon entschieden variablen Charakteristik des höllischen Verführers durchaus Züge Adornos ausmachen, sondern der Leibhaftige ergeht sich in ästhetisch-kulturkritischen Gedanken und Sentenzen, die streckenweise wie der „Philosophie der neuen Musik“ entnommen wirken.

Deren Schönberg-Teil hatte Mann in der Rohfassung kennengelernt, und dessen Reflexionen gingen unmittelbar in Beschreibungen der kompositionstechnischen Spezifika von Adrian Leverkühns Werken ein. In Thomas Manns „Die Entstehung des Doktor Faustus: Roman eines Romans“ heißt es denn auch: „*Das Manuskript (...) dessen frappantes Passen in die Sphäre meines Romans sogleich meine Aufmerksamkeit spannte, hatte im Wesentlichen Schönberg, dessen Schule und die Zwölfton-Technik zum Gegenstande. (...) Die Darstellung der Reihen-Musik und ihre in Dialog aufgelöste Kritik, wie das XXII. Faustus-Kapitel sie bietet, gründet sich ganz und gar auf Adorno'sche Analysen.*“ Der Nobelpreisträger (1929) wusste sehr wohl, was er dem jüdischen Emigranten aus Frankfurt verdankte.

Frei von Spannungen aller Art waren die Verhältnisse in der Emigranten-Kolonie am schönen Pazifik-Strand indes keineswegs. Nicht nur stießen sich Thomas Manns Frau und Tochter an des Philosophen mitunter prätentiöser Art, die womöglich auch den Dichter selbst argwöhnen ließ, der musikalische „Instruktor“ sähe sich ein wenig zu sehr als Mit-Autor, sondern ein weiterer, eklatanter Konflikt stand an: Arnold Schönberg, für Adorno zweifellos eine überragende Instanz, hielt von dem von ihm auch persönlich nicht sehr geschätzten Theoretiker wenig, störte sich überdies an der denn doch zu abschätzigen Behandlung seines großen Rivalen Strawinsky. Weit mehr noch allerdings erboste den in diesen Dingen überaus empfindlichen, ja sogar leicht paranoiden Schönberg die Vorstellung, die wahren Prioritäten und seine Autorschaft der Zwölfton-Technik seien von Mann oder Adorno – wie auch immer – im Unklaren gelassen worden. Er fühlte sich missverstanden, wenn nicht plagiiert. Thomas Mann sah sich denn auch immerhin genötigt, alle „Doktor Faustus“-Ausgaben ab 1951 mit der Schlussbemerkung zu versehen: „*Es scheint nicht überflüssig, den Leser zu verständigen, dass die im XXII. Kapitel dargestellte Kompositionsart, Zwölfton- oder Reihentechnik genannt, in Wahrheit das geistige Eigentum eines zeitgenössischen Komponisten und Theoretikers, Arnold Schoenbergs, ist (...)*".

Hatte der Quasi-Clinch von Mann/Schönberg/Adorno auch etwas vom Faltenwurf dreier Diven, fest davon überzeugt, im fernen Kalifornien für die einzig wahre deutsche Kultur zu stehen, so hatten die Spannungen zwischen Adorno und Eisler ihre entschieden aktuellere politische Konnotation, die jedoch auch ihre sowohl grundsätzlichen als auch historisch-biographischen Aspekte hatte. Spielten im Falle der Kooperation mit Lazarsfeld praktisch-institutionelle Gründe eine erhebliche Rolle und empfanden sich Adorno und Horkheimer als Dioskuren der gemeinsamen Kritischen Theorie, so war das Verhältnis zwischen Adorno und Thomas Mann schon heikler. Adorno bewunderte den weltberühmten Schriftsteller in hohem Maße – und wenn der Nobelpreisträger im Exil bekundete: „*Wo ich bin, ist die deutsche Kultur*", dann war des Philosophen oft pauschale Ablehnung des „American Way of Life", zumal in der Kultursphäre, erst recht durch eine Mischung aus Angst vor dem Fremdartigen und aus bildungsbürgerlich konservativ nostalgischem Überlegenheitsgefühl motiviert. Hinzu kamen die Vorbehalte der Familie Thomas Manns gegen ihn und auch Misstrauen und Ablehnung Schönbergs gegen beide.

Die Beziehung zu Eisler war in anderer Hinsicht komplexer, weniger durch persönliche Spannungen und Animositäten als durch sachliche, politische wie ästhetische Gegensätze bestimmt. Dennoch, auch hier geriet er quasi genau zwischen die zwei Feuer, Schönberg und Brecht, wie vorher auch schon Eisler selber. Dieser, neben Alban Berg und Anton Webern wichtigster Schüler Schönbergs, hatte sich 1926/27 mit seinem zeitlebens hochverehrten Lehrer überworfen. Wo dieser strikt auf ästhetische Autonomie drang, revolutionären Fortschritt einzig in der Musik duldete, war der Jüngere fest davon überzeugt, dass es Aufgabe des Künstlers sei, auf die rapide sich verändernde soziale und politische Realität zu reagieren, nach Möglichkeit aktiv in sie einzugreifen: also die Sphäre der „Immanenz“ zu verlassen. Stattdessen galt es, dem erstarkenden Nationalsozialismus Paroli zu bieten, sich mit Massenchören, „Kampfliedern“ agitatorisch und propagandistisch („Agitprop“) auch auf der Straße für die „Linke“ einzusetzen. Streichquartett-Komplexität oder Klavier-Lied-Expression waren da weniger gefragt. Auch wenn Eisler, nach Kurt Weill wichtigster Partner von Brecht, von solch starren Polarisierungen wenig hielt, wurde für ihn, situationsbedingt, „angewandte“ Musik wichtiger als „absolute“. Schönberg hatte für die „Eskapaden“ des abtrünnigen Jüngers kaum Verständnis. Ebenso reserviert verhielt sich Adorno, der die früheren Werke noch durchaus zustimmend besprochen hatte. Gleichwohl trennten sich die Wege des politisch konkretere Auseinandersetzungen scheuenden „kritischen Theoretikers“ und des „kommunistischen“ Komponisten, der mehrfach in die UdSSR reiste und für die „Partei“ Partei ergriff. Während Adorno die Sphäre politischer Praxis letztlich suspekt blieb.

Im Exil in Hollywood fanden sie wieder zusammen, der Schönberg-Schüler Eisler und Adorno, Schüler des Schönberg-Schülers Alban Berg. Entstanden ist dabei zwischen 1942 und 1944 ein seltsam paradoxes, ja schier zwitterartiges Buch, „Composing for the Films“, an dem beide gemeinsam gearbeitet hatten. Paradox ist es insofern, als Eisler, ohnehin weit stärker an „angewandter“ Musik interessiert, in der Kooperation mit Brecht Kunst unterm Aspekt multimedialer Strategien sowohl reflektierte als auch praktizierte. Des „Stückeschreibers“ Theater-Theorie, also: die Forderung nach „Verfremdung“, Nicht-Übereinstimmung etwa des Gesagten und Gezeigten, der kritischen Differenz der Rezeption des

Theaterbesuchers, der durch die Verweigerung von Identifikationsangeboten („*Glotzt nicht so romantisch*") zur Analyse der Situation gebracht werden sollte, kam Eislers antiromantischer, espressivoskeptischer Haltung entgegen. Dass der Massenkunst Kino da eine fortschrittliche Funktion zuwachsen würde, war beiden, Brecht wie Eisler, klar. Adorno hingegen hatte zeitlebens seine Reserve gegen die performativen Künste: Theater wie Film. Erst recht war seine Musikästhetik auf immanente Autonomie aus. „Gebrauchs-Charakter", heteronome, montagehafte Verschränkung von Perspektiven und Materialien waren seine Sache nicht. Und zumal dem Hollywood-Film misstraute er von Grund auf, sah in ihm nicht nur pure „Ware", sondern, mehr noch, besonders tückische Manipulation durch die monopolkapitalistische „Bewusstseinsindustrie".

Von daher gesehen mutete ausgerechnet ein Buch über Filmmusik geradezu bizarr an. Trotzdem ist es ein hochbedeutendes, vielfältig anregendes Werk geworden – und ein frappierendes Beispiel dafür, wie zwei ganz unterschiedliche Persönlichkeiten diskursiv zusammenwirkten. Einig waren sie sich in der Ablehnung der gängigen „Soundtrack"-Klischees, die stets auf Verdopplung der Leinwand-Vorgänge zielten, sich dabei hauptsächlich spätromantischer Topoi bedienten: „schmalzige" Geigen für Liebesszenen, das Fagott als „Lokalkomiker", die Oboe als „Unschuldslamm", das Blech zuständig fürs schneidig Heroische oder parasakral Feierliche. Ganz in Übereinstimmung mit Brechts Provokation „*Glotzt nicht so romantisch*" sollte Musik gerade nicht unterschwellig „Stimmung" machen, sondern bewusst als kritischer Kommentar gehört werden. Das war die Forderung quasi des „epischen Theaters". Adorno indes drang, schier „donquichottesk", auf kompositorische Autonomie noch innerhalb der Vermarktungsstrategien der Hollywood-Studiobosse. Die Abneigung gegen das Kino selber ist oft unverhohlen, die gängige Sound-Produktion ihm ein Gräuel. Von seiner Idealvorstellung, der technischen Avanciertheit des Kinos müsse die kompositorische der Neuen Musik entsprechen, hat er sich nicht abbringen lassen.

War das Buch selber schon widersprüchlich genug, so seine Geschichte erst recht. Unter beider Namen entstanden, kam es 1947 in New York auf Englisch heraus. Als Autor firmierte Eisler. Dieser freilich war, ebenso wie Brecht – und sogar Charlie Chaplin – in die Fänge der berüchtigten McCarthy-Inquisition wegen „antiamerikanischer Aktivitäten" geraten, wurde denn auch ausgewiesen. Adorno distanzierte sich von dem Projekt, begründete dies 1969 folgendermaßen: „*Ich hatte mit jenen Aktivitäten nichts zu tun (…) Keinen Anlass hatte ich, Märtyrer einer Sache zu werden, die nicht die meine war und nicht die meine ist. Angesichts des Skandals trat ich von der Mitautorenschaft zurück. Damals schon zur Rückkehr nach Europa entschlossen, fürchtete ich alles, was sie hätte behindern können. Hanns Eisler zeigte dafür volles Verständnis.*"

Als Heros der Solidarität stand Adorno da nicht eben strahlend da. 1949 erschien in Ostberlin die deutsche Ausgabe, mit verschiedenen, DDR-konformen Änderungen und Zusätzen, die Adorno schwerlich akzeptieren konnte. Obwohl er 1969 immerhin Verständnis für den Druck bezeugte, unter dem Eisler stand, der gleichwohl in den fünfziger Jahren Adornos Autorenrecht nachdrücklich hervorhob, wohl auch dazu stand, dass der Großteil des Textes von Adorno stammte. 1969 erschien dann beider Werk in der ursprünglichen Gestalt. Entstehung, Edition und Rezeption des Buches verraten viel von den ästhetischen wie vor allem politischen Verwerfungen, denen Künstler und Intellektuelle im 20. Jahrhunderts ausgesetzt waren.

XII. Heimfahrt – Verlorenes Paradies und neue Hölle

„*Die Philosophie ist eigentlich Heimweh, ein Trieb, überall zu Hause zu sein.*“ Dem Satz von Novalis hätte Adorno sicher zugestimmt – wenn auch nur der ersten Hälfte. Denn „Heimweh“ war für den Emigranten eine bestimmende Befindlichkeit, zumindest als sehnsüchtige Rückwärts-Utopie einer relativ glücklich-behüteten bürgerlichen Kindheit. Ob sie für ihn deshalb auch gleich eine „heile Welt“ war, bleibe dahingestellt. Doch die „Fremde“ war ihm nicht Eichendorff-Schumanns betörende, magisch erotische „Schöne Fremde“, sondern bedeutete ihm mitnichten das ganz große Glück: Im erst englischen, dann amerikanischen Exil hat er sich keineswegs „zu Hause“ gefühlt. Ganz im Gegenteil: Nicht eben wenig im Kapitel „Kulturindustrie“ der „Dialektik der Aufklärung“ und den „Minima Moralia“ zeugt von tiefer, ja angeekelter Frustration. Er wollte möglichst bald zurück, letztlich in seine Geburtsstadt Frankfurt. Während es Brecht wie Eisler nach Ostberlin zog. Für das andere Modell stand Kurt Weill, der trotzig bekannte: „*Obgleich ich in Deutschland geboren bin, bezeichne ich mich nicht als ‚deutschen Komponisten‘ (…) Ich bin amerikanischer Staatsbürger, während meiner zwölf Jahre in diesem Land habe ich ausschließlich für die amerikanische Bühne komponiert.*“ Weill, bezeichnenderweise Schüler Busonis, nicht Schönbergs, wäre auch nicht, wie Eisler, auf die Idee verfallen, Hölderlin oder Mörike zu vertonen – oder gar seinen „Faust“ als deutsche „Nationaloper“ zu planen.

Der Emigrant befand sich in einem Dilemma: Deutschland stand nun einmal auch und gerade für „Auschwitz“, für

Adorno ab 1945 unabweislicher Topos der Apokalypse: des mit industrieller Logistik und bürokratischer Perfektion technizistisch „durchgeführten“ Genozids. Die Rückkehr ins Land auch der Täter war für ihn alles andere als selbstverständlich; obwohl er der These von der „Kollektivschuld“ ablehnend gegenüberstand. Aber wie viel braune Restbestände in der jungen Bundesrepublik noch vorhanden waren, nicht zuletzt bei nach wie vor durchaus honorigen Professoren, blieb ihm natürlich nicht verborgen. Das Gefühl der Verunsicherung, ja latenten Bedrohung, hat ihn denn auch wohl nie ganz verlassen. Und wenn er noch in den sechziger Jahren nach einem Vortrag in der Frankfurter Musikhochschule, obschon mit einem ironischen Tonfall der Erleichterung, äußerte: „*Nun können wir – mit Doktor Martin Luther nach dem Reichstag zu Worms – sagen: Gottseidank, wir sind hindurch*“, dann schwang da immer noch ein wenig vom Gefühl einer schier existenzbedrohenden Prüfung durch institutionalisierte Herrschaft mit. Aber insgesamt hat er seine zweite Frankfurter Phase (1949–1969) wohl als abgesichert, sogar glücklich empfunden.

Seine Situation in Hollywood hingegen muss ihm entsprechend unerträglich erschienen sein. Zwar hatte der Sieg der Vereinigten Staaten im Zweiten Weltkrieg ihm das Leben gerettet, doch nach dem Triumph über Deutschland und Japan eskalierte nicht nur der Patriotismus, sondern im aufkochenden Kalten Krieg auch die Freund-Feind-Polarität: Dem einsetzenden Wettrüsten nach außen entsprach die Paranoia im Inneren, und überall wurden Spione, Saboteure, Agenten Moskaus, Zersetzer von „God's own country“ gemutmaßt. Ob sich da schon tatsächlich präfaschistische Tendenzen manifestierten, gar ein totalitäres Regime vor der Türe stand, scheint zweifelhaft. Doch der Quasi-Zangenangriff von Überwa-

Festliche Tafel: Felix Weil, Stifter des Instituts für Sozialforschung, in der Mitte, links von ihm Max Horkheimer und seine Frau, rechts Friedrich Pollock und seine Frau. Das Bild, Mitte der vierziger Jahre in Amerika entstanden, belegt, dass die Frankfurter Emigranten im Exil einigermaßen konsolidiert lebten.

chungsstaat und unentrinnbarem Monopol der Vergnügungsindustrie war für nicht wenige Emigranten am schönen Pazifik eine Gefahr. Adorno allerdings scheint die Allmacht der Bewusstseinsmanipulateure stärker beunruhigt zu haben als die Kommunistenjagd. Sich politisch zu exponieren, war nicht seine Sache.

Wohl aber lässt sich immerhin vorstellen, dass die beiden letzten Stücke aus Schönbergs Melodramen-Zyklus „Pierrot Lunaire" dem im und noch mehr am Exil Leidenden Motive für sein Heimkehr-Verlangen boten: „Heimfahrt" („*Der Mondstrahl ist das Ruder, Seerose dient als Boot*") und „*O alter Duft aus Märchenzeit, berauschest wieder meine Sinne!*" Zumindest das Fragile, ja Irreale der Rückkehr dürfte ihm bewusst gewesen sein, aber auch das Angestrengte der Kindheitsbeschwörung. Ganz gewiss glaubte er nicht, in eine „heile Welt" wieder eintauchen zu können; dazu war das Grauen noch zu präsent, das NS-Erbe keineswegs erledigt, und im Zuge des „Wirtschaftswunders" zeichneten sich neu auftrumpfende „Wir sind wieder wer"-Attitüden ab – als wäre weiter gar nichts gewesen. Vielleicht gerade deswegen und umso mehr zog es den wichtigsten Protagonisten der Kritischen Theorie nach Frankfurt, um dort – entschieden eingedenk der „Dialektik der Aufklärung" – zur Bewusstwerdung beizutragen.

Die Holocaust-Apokalypse, die Untaten des Stalinismus, die Kommerzialisierung allen Lebens im US-Kapitalismus bestätigten für Adorno Karl Kraus: „Die letzten Tage der Menschheit". Dennoch fühlte er sich in Frankfurt heimisch, genoss selbst beim Universitäts-Fasching, orientalisch drapiert, die Gesellschaft attraktiver Studentinnen.

XIII. Neue alte Heimat: „Warum sind Sie zurückgekehrt?"

In drei durchaus heterogenen Texten hat Adorno, übrigens erst in den sechziger Jahren, begründet, warum es ihn nicht länger mehr in Kalifornien hielt – und warum es ihn, trotz allem, zurück nach Frankfurt zog. Zwar gibt es einige mehr oder minder explizite autobiographische Texte und immer wieder eher splitterhafte Darlegungen subjektiver Befindlichkeiten, Träume und Tagträume. Aber private Mitteilungen finden sich kaum, und selbst auf die Frage nach seiner „Freizeit", gar seinem „Hobby" hat er ungnädig mit dem Hinweis reagiert, dass es für einen bewusst Lebenden die Trennung zwischen für ihn essenzieller Arbeit und bloßer Feierabend-Beschäftigung gar nicht geben könne. Gewiss wäre es übertrieben, jeder seiner Äußerungen volles Gewicht im integralen Zusammenhang „Kritischer Theorie" beizumessen: Es gibt durchaus „leichtere" und „schwerere" Texte. Aber noch scheinbar eher situationsbezogene Ausführungen zeugen von der Anstrengung, einen übergreifenden, das dominante System bezweifelnden Zusammenhang aufzuzeigen: Aufklärung heißt stets auch Widerstand gegen das schlechte bloß Bestehende – und erst recht gegen dessen ideologische Verbrämung.

So hielt er am 27. Mai 1945 im „Jewish Club Los Angeles" den Vortrag „Fragen an die intellektuelle Emigration", in dem er sehr plastisch sein Verständnis von kritischer Selbstbehauptung in einem gänzlich anders gepolten Umfeld zu vermitteln trachtete. Er unterschied dabei schon eingangs zwischen Immigration und Emigration: „Immigranten" seien in der

Regel eine eher homogene Gruppe, die „einigermaßen freiwillig“ und mit klaren Zielvorstellungen in ein fremdes Land reist, während „Emigranten“ mit unterschiedlichen Wünschen und meist aus Not oder auf der Flucht um Asyl ersuchen. Jedoch: „*Die Organisation des amerikanischen Geisteslebens, die weitgehend die industrielle widerspiegelt, stellt jeden Intellektuellen vor die Wahl, entweder sich einzugliedern oder ohnmächtiger Außenseiter zu bleiben. Die Schlupfwinkel, welche die weniger durchorganisierte europäische Gesellschaft unabhängigen Intellektuellen bot, fehlen.*“

Und in der letzten von vier abschließenden Thesen fordert er, „*dass wir dort, wo wir zu Konzessionen gezwungen sind, sie nicht mit fliegenden Fahnen zu unserer eigenen Sache machen sollten, sondern im harten Bewusstsein des Zwangs, der auf uns liegt. Gerade wenn es uns ernst damit ist, einen besseren Gesellschaftszustand zu erstreben, dürfen wir hoffen dazu beizutragen einzig, wenn wir nicht dem Bestehenden blindlings uns verschreiben.*“ Das anempfohlene Sich-spröde-Machen gegen die Normen des „American Way of Life“ lief aufs Verweigern von Konsens hinaus. Solches Beharren auf Dissens gegenüber dem Etablierten mag sowohl bei den Gastfreundschaft Gewährenden als auch bei manchen womöglich übertrieben dankbar anpassungswilligen Emigranten Befremden ausgelöst haben. Zudem mögen diese sich gefragt haben, wo im teils faschistisch-nationalsozialistisch, teils stalinistisch dominierten Europa die „Schlupfwinkel“ für die Intellektuellen wohl waren.

Evident jedenfalls war, dass für den Exponenten der Kritischen Theorie deren Anspruch und der Konformitätsdruck der kalifornischen Gesellschaft inkompatibel waren. Dass der „böse Blick“ des „Minima Moralia“-Autors einzig die negativen Aspekte Amerikas fokussierte, ist ebenso unübersehbar wie die latent sogar deutsch-bildungsbürgerlich konservative Verklärung von „Old Europe“: Ausgerechnet der Analytiker der Vorurteilsstrukturen erwies sich als keineswegs frei von Schwarz-Weiß-Klischees. Der Entschluss zur Rückkehr nach Deutschland jedenfalls reifte; die Ausführung war eine Frage der Zeit, der sich anbietenden Gelegenheit.

Nicht zuletzt dank der Initiative und Vermittlung wiederum Horkheimers, der mit großem diplomatischem Geschick die Wiederherstellung des Instituts für Sozialforschung bewerkstelligt hatte, konnte Adorno sich 1949 wieder an der Universität Frankfurt etablieren und für die nächsten zwanzig Jahre zur prägenden Figur werden. Wenn Frankfurt immer wieder den Ruf einer geheimen, zumindest intellektuel-

Auferstanden aus Ruinen: Der Neubau des Instituts für Sozialforschung wurde ab den fünfziger Jahren zum ausstrahlenden Haus der Frankfurter Schule. Schon die sachlich geometrische Architektur signalisierte Einspruch gegen alten Muff wie neue restaurative Tendenzen.

len, Hauptstadt der alten Bundesrepublik hatte, dann lag dies auch an der Bedeutung der Frankfurter Schule und ihrer Zentralgestalt Adorno.

Mit der räumlich-zeitlichen Entfernung von Amerika nahm freilich auch die Abwehr ab, zumal dem Remigranten unablässig klar war und immer deutlicher wurde, dass die wiedergefundene „Heimat“ nicht nur immer noch „braun“ überschattet war, sondern dass sich sogar neue fundamentalistische Ideologien breitmachten, etwa in Gestalt der Heidegger'schen Existenzialontologie. Dem Aufklärer und Polemiker Adorno fiel denn auch vermehrt die Aufgabe zu, seine kritischen Impulse in verschiedener Richtung zu artikulieren: Sahen die einen es nicht unbedingt gern, dass er als „Störenfried“ wiedergekehrt war, so fragten andere wiederum, warum er dies überhaupt getan hatte: sich im Land der „Täter“ einzufinden? Es schien nicht unsymptomatisch, dass er sich erst in den sechziger Jahren explizit diesen Fragen widmete. Leicht gemacht hat er es sich damit nicht; zumal der Rekurs aufs Persönliche dem stets gesellschaftlich, gesellschaftskritisch Denkenden eher suspekt war.

So antwortete er 1962 in seinem Text „Auf die Frage: Warum sind Sie zurückgekehrt?“ relativ knapp und direkt. Zunächst wendet er sich gegen die Vorstellung vom „*Faschismus als Sache des sogenannten Deutschen Nationalcharakters*“ wie auch gegen „*die Konzeption, die Deutschen als Volk hätten die Schuld (...) die Bildung solcher Kollektivbegriffe scheint mir selbst in jenen Bereich zu gehören, der den Faschismus hervorbrachte.*“ Und weiter: „*Sollte ich sagen, warum ich zurückging, so müsste ich ohne große Worte erklären, dass ich eben nach Europa und nach Deutschland gehöre. Verwiesen bin ich auf die Sprache, die ich als meine eigene schreiben kann (...) In Deutschland fühle ich mich keinem Druck von Macht oder öffentlicher Meinung ausgesetzt, der mich zur Anpassung des Ausdrucks nötigte, was mir vorschwebte. Die Substanz meiner Gedanken ist noch in dem, wo sie scharf gegen die deutsche Tradition sich wendet, von dieser Tradition nicht zu trennen.*" Und später, noch deutlicher: „*Ich wollte einfach dorthin zurück, wo ich meine Kindheit hatte, am Ende aus dem Gefühl, dass, was man im Leben realisiert, wenig anderes ist als der Versuch, die Kindheit verwandelnd einzuholen.*"

Schwerlich zufällig taucht eine polemische These aus diesem Text – „Hier Nationalist, dort Nationalist" – 1965 in anderem Zusammenhang wieder auf. „Auf die Frage: Was ist deutsch?" antwortet er nämlich nicht nur mit einer quasi verlängerten Überlegung, sondern – musikalisch gesprochen – mit einer reich entwickelten Variation. Dass für den mit gutem Grund skeptisch-misstrauischen Heimkehrer eine lauthalse Bekundung kollektiver Identität nicht zu erwarten war, versteht sich: „*Ungewiss, ob es etwas wie den Deutschen oder das Deutsche, oder irgendein Ähnliches in anderen Nationen, überhaupt gibt. Das Wahre und Bessere in jedem Volk ist wohl vielmehr, was dem Kollektivsubjekt nicht sich einfügt, womöglich ihm widersteht. Dagegen befördert die Stereotypenbildung den kollektiven Narzissmus (…) Erinnert sei an die berühmteste Formel des deutschen kollektiven Narzissmus, die Wagnersche: deutsch sein, heißt, eine Sache um ihrer selbst willen tun (…) Das verlieh zumindest der geistigen Produktion einige Resistenzkraft. Sie verstand sich als ein An sich, nicht nur als ein Für anderes und Für andere sein, nicht als Tauschobjekt.*" Dem hält Adorno gleichwohl entgegen: „*Die großen deutschen Konzeptionen, in denen die Autonomie, das reine Um seiner selbst willen, so überschwänglich verherrlicht wird, waren durchweg auch zur Vergottung des Staates bereit.*" Um dann zur dialektischen Final-Kehre zu gelangen: „*In der Treue zur Idee, dass, wie es ist, nicht das Letzte sein solle – nicht in hoffnungslo-*

sen Versuchen, festzustellen, was das Deutsche nun einmal sei, ist der Sinn zu vermuten, den dieser Begriff noch behaupten mag: im Übergang zur Menschheit." Theodor W. Adornos Conclusio hat ihre Vorläufer-Parallele in der kalifornischen Rede Thomas Manns „Deutschland und die Deutschen" (1945): „*Zuletzt ist das deutsche Unglück nur das Paradigma der Tragik des Menschseins überhaupt. Der Gnade, deren Deutschland so dringend bedarf, bedürfen wir alle.*" Mit dem Begriff der „Gnade" hätte Adorno wohl eher gezögert. Doch dass Thomas Mann den Band „Neue Studien" ausdrücklich der Stadt Frankfurt, „in der der Geist der Paulskirche niemals erstarb", widmete, war signifikant.

Der schon zitierte Aufsatz „Wissenschaftliche Erfahrungen in Amerika" (1968) reflektiert zwar kritisch die teilweise drei Jahrzehnte zurückliegenden Erlebnisse und Ergebnisse der empirischen Sozialforschung, begründet jedoch abermals aus

Kernforschungszentrum: Das Team um Adorno und Horkheimer 1955 (ganz links Ludwig von Friedeburg, später Hessischer Kultusminister und Direktor des Instituts) war bestrebt, Kritische Theorie und empirische Sozialforschung zu verschmelzen – ohne gesellschaftliche Analyse zahlengläubigen Umfragekriterien unterzuordnen.

ihnen heraus, warum es ihn so unwiderstehlich nach Frankfurt zurückzog. Der Schluss indes klingt schier überraschend großmütig-versöhnlich, als seien ihm selbst Zweifel an der Gerechtigkeit manch harscher Verdikte gekommen: „*Weder jedoch hat diese (Rückkehr) an meiner Dankbarkeit, auch an der intellektuellen Dankbarkeit, das Geringste geändert, noch glaube ich, dass ich je als Gelehrter vernachlässigen werde, was ich in und an Amerika lernte*."

XIV. Erfüllung, eingedenk der Apokalypse: Was ist nach Auschwitz überhaupt noch möglich?

Bilder aus der Natur, der Biologie oder Geographie waren dem Protagonisten der Kritischen Theorie selten ganz geheuer – mutmaßte er in ihnen doch den Verweis auf ein „Elementares“, „Ursprüngliches“: ein angeblich nicht Vermitteltes, Vorgesellschaftliches, nicht mit den Wundmalen der Geschichte Behaftetes und Geschlagenes. Nach den Exzessen des nationalsozialistischen „Blut und Boden“-Kults wie der kraftstrotzenden Arbeiter- und Bauern-Darstellungen des „Sozialistischen Realismus“ war die Abwehrhaltung nur zu verständlich: Die pompösen Idyllen glücklichen Kollektiv-Lebens im durch und durch „positiven“ Agrarischen oder Industriellen waren ihm pure Propaganda, ideologisch vergiftet – erst recht in der kaum verhohlenen Gewaltandrohung gegenüber den, und sei es auch nur potenziell, Abweichenden. Wenn ihm „Natur“, mithin auch das seit Hegel heikel gewordene „Naturschöne“, etwas bedeutete, dann am ehesten in Gestalt des Hochgebirges: Die Dolomiten, das Oberengadin um Sils Maria und, zunehmend, die Walliser Gletscher-Berge bei Zermatt haben ihn sich quasi zur kantischen Dimension des Erhabenen öffnen lassen – freilich ganz ohne den verdrückten Zug reumütiger Zurücknahme des, nicht nur ästhetischen, Fortschritts-Prinzips.

Wenn überhaupt ein landschaftlich geographischer Topos seinem Werk gegenüber angemessen wäre, dann wohl noch am ehesten der des Flussmündungsdeltas, in dem sich verschiedenartige Quellen, Strömungen, Einflüsse, Impulse vereinigen und verzweigen, ja im Hegel'schen Sinne „aufgehoben" erscheinen. Was mäandernde Verläufe, Gegenströmungen und überaus stigmatisierende Gefahren durchaus einschließt – und nicht minder die Gefahr, sich im Labyrinth der fließenden Bewegungen zu verlieren. Wobei das Moment der Ungleichzeitigkeit eine bedeutende Rolle spielte. Insofern gibt es gute Gründe, ab den fünfziger Jahren sich in dieser Darstellung vom Prinzip quasi biographisch narrativer Chronik zu verabschieden: Die durch die Zeitläufte bedingte Stationenfolge sagt über die Stringenz der Produktion kaum mehr etwas aus.

Zweifellos einen Hauptstrang in Adornos Frankfurter Tätigkeit bildet die kontinuierliche Folge der philosophischen und soziologischen Vorlesungen und Seminare – vom Wintersemester 1949/50 bis zum Sommersemester 1969. Die Liste der Veranstaltungen belegt: Er war ein fleißiger, gewissenhafter akademischer Lehrer, der seinen Bildungsauftrag auch rein quantitativ sehr ernst nahm, sich der Studierenden annahm.

Daneben gab es das Kontinuum der Veröffentlichungen schon seit den dreißiger Jahren, unterbrochen durch die NS-Zeit. Doch viele der aktuellen Publikationen waren Sammelbände, enthielten nicht selten sogar erheblich ältere Texte. So erschienen 1955 die „Prismen Kulturkritik und Gesellschaft" bei Suhrkamp, dem Frankfurter Hauptverlag auch von Brecht, Benjamin und Bloch – der dadurch zur zentralen Vermittlungsschiene der Frankfurter Schule wurde. Das Wort von der „Suhrkamp-Kultur" wurde denn auch zum Synonym für die linksliberale Intellektuellen-Sphäre der fünfziger bis achtziger Jahre, und dies nicht nur in der alten Bundesrepublik. Mit dem Umzug des Verlages nach Berlin, vollends mit den jüngsten juristischen Querelen um die Besitzverhältnisse, steht die

Theorie und Praxis: Adorno hatte zum unmittelbar Politischen ein distanziertes Verhältnis. Doch zur Aufklärung gehört Demokratie. Die sahen er und viele andere in der Bundesrepublik durch die geplanten „Notstandsgesetze" gefährdet. So war es auch für ihn (zwischen Heinrich Böll und Siegfried Unseld) selbstverständlich, an einer Protestkundgebung teilzunehmen.

Ikone „Suhrkamp" aus Frankfurter Sicht in der Krise – wenn nicht schon zur Disposition.

Das zweitälteste Stück der „Prismen" entstand schon 1938: „Spengler nach dem Untergang" erscheint heute seltsam janusköpfig, und dies gleich in doppelter Hinsicht. So liest sich manches in der ersten Hälfte des Essays nahezu als Parallelisierung mancher Thesen aus „Der Untergang des Abendlandes" mit Gedankengängen der „Dialektik der Aufklärung": *„Spengler sieht etwas vom Doppelcharakter der Aufklärung im Zeitalter universaler Herrschaft."* Und in Spenglers Analysen der Funktion von Presse und Politik blitzen sogar Analogien zu

Karl Kraus auf, den Adorno hier allerdings nicht erwähnt. Dafür allerdings geht er hart mit Spenglers biologistisch-machiavellistischer Verklärung von Herrschaft und ihren fürchterlichen Folgen ins Gericht. Und im Gegensatz zu vielen anderen Fällen, in denen Adorno auf Aktualisierungen älterer Arbeiten verzichtete, hat er 1950 in den Text von 1938 einen Topos interpoliert, der in seiner ganzen Grässlichkeit ursprünglich noch nicht absehbar war: „*Unterdessen gilt bereits an Auschwitz zu erinnern für langweiliges Ressentiment. Keiner gibt mehr etwas fürs Vergangene.*“

Das Zerrissensein zwischen dem Schreckensort wie -wort „Auschwitz“ und der Wunschvorstellung, Kultur könne selbstgenügsam weitermachen wie zuvor, hat Adorno zu einer Formulierung in „Kulturkritik und Gesellschaft“ genötigt, die in ihrer Radikalität bis heute verunsichert: „*Noch das äußerste Bewusstsein vom Verhängnis droht zum Geschwätz zu entarten. Kulturkritik findet sich der letzten Stufe der Dialektik von Kultur und Barbarei gegenüber: nach Auschwitz ein Gedicht zu schreiben, ist barbarisch, und das frisst auch die Erkenntnis an, die ausspricht, warum es unmöglich ward, heute Gedichte zu schreiben.*“

Dieser Satz „*Nach Auschwitz ein Gedicht zu schreiben, ist barbarisch*“ ist nicht nur einer der meistzitierten Adornos, sondern auch nach wie vor ganz außerordentlich kontrovers. Wer ihm ernsthaft folgen würde, müsste jeglicher Kunst entsagen, stünde sie doch allemal für bloß besänftigenden „schönen Schein“ oder, so Adorno, für „*erpresste Versöhnung*“. Aber Adorno wäre nicht Dialektiker gewesen, hätte ihn der lapidar definitorische Duktus, ja quasi „Verbots“-Charakter nicht selbst irritiert. So hat er denn auch die rigide Forderung von 1949 mehrfach revidiert, variiert, aber letztlich nicht wirklich zurückgenommen. So heißt es 1967 in „Noten zur Literatur IV“ zur Frage „Ist die Kunst heiter?“: „*Der Satz, nach Auschwitz lasse kein Gedicht mehr sich schreiben, gilt nicht blank, gewiss aber, dass danach, weil es möglich war und bis ins Unabsehbare möglich bleibt, keine heitere Kunst mehr vorgestellt werden kann. Objektiv artet sie in Zynismus aus, mag immer sie die Güte menschlichen Verstehens sich erborgen.*"

Die letzte, elaborierteste, zugleich radikalisierte Version findet sich im Spätwerk „Negative Dialektik" (1966): „*Das perennierende Leiden hat so viel Recht auf Ausdruck wie der Gemarterte zu brüllen; darum mag falsch gewesen sein, nach Auschwitz ließe kein Gedicht mehr sich schreiben. Nicht falsch aber ist die minder kulturelle Frage, ob nach Auschwitz noch sich leben lasse, ob vollends es dürfe, wer zufällig entrann und rechtens hätte umgebracht werden müssen. Sein Weiterleben bedarf schon der Kälte, des Grundprinzips der bürgerlichen Subjektivität, ohne das Auschwitz nicht möglich gewesen wäre: drastische Schuld des Verschonten. Zur Vergeltung suchen ihn Träume heim, wie der, dass er gar nicht mehr lebte, sondern 1944 vergast worden wäre, und seine ganze Existenz danach lediglich in der Einbildung führte, Emanation des irren Wunsches eines vor zwanzig Jahren Umgebrachten.*"

Zwei Gedichte immerhin gibt es, die dem Schrecken standhalten, ohne ihn über Gebühr zu ästhetisieren. Brechts „An die Nachgeborenen" thematisiert ihn nüchtern: „*Was sind das für Zeiten, wo / Ein Gespräch über Bäume fast ein Verbrechen ist. / Weil es ein Schweigen über so viele Untaten einschließt!*" Paul Celans epochale „Todesfuge" („Schwarze Milch der Frühe …") konkretisiert das Grauen der Vernichtungslager zwar, verweigert aber Gefühlsidentifikation durch konstruktive Stringenz, ja Härte. Schreibt Adorno sich selbst „drastische Schuld des Verschonten" zu, so hat sich die Situation dessen, der sich zu Unrecht am Leben gelassen fühlte, während so viele andere sterben mussten, bei Paul Celan bis zum Freitod 1970 verdichtet.

XV. Frankfurt: Stadt der Widersprüche und des fortschrittlichen Pessimismus

Spricht man von Frankfurter Schule, so meint dies vor allem die seit 1924 einsetzende Arbeit am Institut für Sozialforschung und deren Wiederaufnahme 1949 – weit bis über den Tod Adornos im Sommer 1969 hinaus: Selbstverständlich gehört Jürgen Habermas konstitutiv zu ihr. Doch hatte die Kritische Theorie tiefer reichende Wurzeln in der Frankfurter Geschichte. Denn auch Städte haben ihre Wesenszüge, die sich nicht in monolithischer Identität erschöpfen: Jedes grö-

Prominenter Schüler, weiterführend: Jürgen Habermas, Mitte der fünfziger Jahre Adornos Assistent. Zwischen beiden herrschte bis 1969 meist intensives Einvernehmen. Während Horkheimer seine Vorbehalte gegenüber dem allzu „Linken“ nicht verbarg. Habermas hat die Verbindung von Kritischer Theorie und Wirken in die Öffentlichkeit nie aufgegeben.

ßere Gemeinwesen erweist sich als komplex zusammengesetzt, reich an Konflikten und Widersprüchen. Das Wort von den zwei Seiten einer Münze mag zunächst banal klingen, trifft aber manchen Doppelcharakter. Zum Beispiel wird die Kultur-Metropole München auch durch das Widerspiel der offiziellen Dominanz von Tradition wie Repräsentation mit Boheme und Avantgarde bestimmt.

Frankfurt freilich scheint im Nachhinein schier schizophren: Da gab es die freie Reichs-, Handels-, Messe- und Kaiserkrönungsstadt – und 1848 alles andere als zufällig befand sich hier mit der Paulskirche die Geburtsstätte einer ersten deutschen Demokratie. Industrieller, merkantiler, gesellschaftlicher Fortschritt, dynamischer Schwung, Zukunftsorientie-

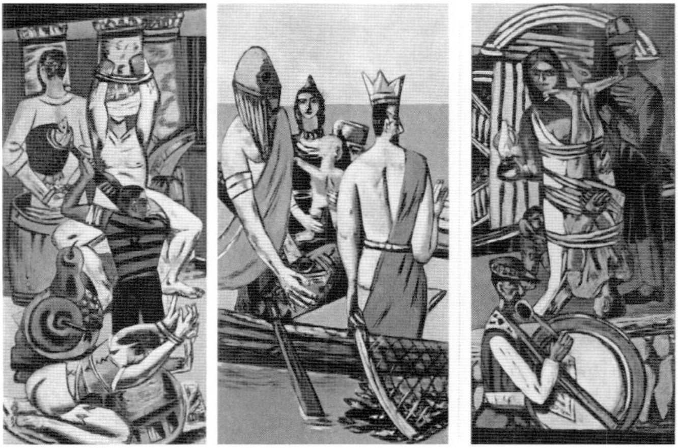

Frankfurts illusionslose Moderne: Zur merkantil-demokratischen Messestadt gehörte auch der Pessimismus. Schopenhauers Weltverneinung, die scheiternden Helden der Schreker-Opern, die fatalistischen Bilder Max Beckmanns („Abfahrt"), Alexander Kluges Filme zeugten davon. Adornos Beharren auf aufklärerisch-künstlerischem Fortschritt bei stetigem Zweifel am gelingenden „Ganzen" war Tradition.

rung wurden mit Frankfurt assoziiert. Und nach wie vor gilt die Stadt als „Boomtown“. Das ist die eine, vitale Seite. Die andere ist zwar weniger manifest, trotzdem nicht weniger signifikant: die Pessimismus-Strömung – als Frankfurter Schule einer „schwarzen“ Weltsicht. Schon der in Frankfurt lebende Arthur Schopenhauer hing zwar nicht christlicher Weltverneinung und ihrem Bild vom irdischen Leben als bloßem „Jammertal“ an, doch im Kapitel 49 seines Hauptwerkes „Die Welt als Wille und Vorstellung“ heißt es lapidar: „*Es giebt nur einen angeborenen Irrthum, und es ist der, dass wir da sind, um glücklich zu seyn.*“ Für das fortschrittsselige 19. Jahrhundert mitsamt seinem Glauben an das zu erzielende „*größtmögliche Glück der größtmöglichen Zahl*“ war das ein bitterer Einspruch. Und welches waren die entscheidenden Opern-Uraufführungen in Frankfurt 1910 und 1918: Franz Schrekers „Der ferne Klang“ und „Die Gezeichneten“, düstere Kolportage-Balladen von Vergeblichkeit und Untergang. So unterschiedlich die beiden längere Zeit in Frankfurt lebenden Maler Max Beckmann und Ernst Ludwig Kirchner auch stilistisch waren, so gemeinsam ist ihnen ein apokalyptischer Zug. Kirchners Selbstmord 1948 in Davos war eine Konsequenz.

In Adornos Schriften seit der Emigration nach Amerika nimmt der fatalistische Ton mit der wachsenden räumlich-zeitlichen Distanz zur „Heimat“ deutlich zu; die Informationen über den Holocaust haben die Weltsicht noch entschieden weiter fundamental verfinstert. Der Topos „Auschwitz“ wurde zur geschichtsphilosophischen Scheidelinie, auf die das Geschehende unaufhaltsam zuläuft – und von der es, zumindest fürs Gedächtnis unentrinnbar, weitertreibt. So endet das Mahler-Buch von 1960 mit dem durchaus trostfreien Satz: „*Ohne Verheißung sind seine Symphonien Balladen des Unterliegens, denn ‚Nacht ist jetzt schon bald‘.*“

Doch solcherart eingedunkelter Blick blieb nicht auf Adorno beschränkt: Zumindest lebten nicht wenige der markanten in Frankfurt entstandenen oder uraufgeführten Werke aus der entschlossenen Verweigerung eines wie auch immer gearteten positiven „Sinns". Peter Handkes frühe „Sprechstücke" („Publikumsbeschimpfung", „Kaspar", „Das Mündel will Vormund sein", 1966–1969) zielten eindeutig, auch und gerade als performative Text-„Etüden", auf die Negation auch nur irgendeiner „Botschaft". Und Alexander Kluges Film „Die Artisten in der Zirkuskuppel: ratlos" (1968) thematisiert eben das Scheitern, das Nicht-mehr-weiter-Wissen oder -Können als virtuose Montage-Parabel. Rainer Werner Fassbinder rächte sich an Frankfurt für sein Nicht-Reüssieren (ab 1974) am legendären Theater am Turm (TAT) mit seinem Stück „Der Müll, die Stadt und der Tod", das als makabre Moritat auf Frankfurter Westend-Bauspekulation mit der Figur des „rei-

So sehr Adorno als Linkshegelianer auch von Marx ausging, so skeptisch blieb er gegenüber Bestrebungen, radikale Gedanken aktionistisch in Realität umzusetzen. Im Gegensatz zu vielen anderen Professoren hat er sich allerdings kritischem Gespräch nicht verweigert: Er hielt die Veränderungswünsche der Studenten für durchaus berechtigt.

chen Juden“ überaus heftige Diskussionen und Aktionen im Zusammenhang mit einer höchst brisanten Antisemitismus-Debatte auslöste. Auch nur halbwegs „freundlich“ war das Ganze in keiner Richtung. Der Ruf Frankfurts als der „Basisgruppe Sumpf und Chaos“-Stadt der Bundesrepublik war entschieden begründet. Und ausgerechnet Adorno, auch akademischer Theoretiker und in mehrfacher Hinsicht Ästhet, sonst fast generell Realitätskonflikten abhold, wurde zur Galionsfigur der Frankfurter Schule als Institution der Linken und als intellektueller Übervater selbst der Außerparlamentarischen Opposition (APO). An Spannungen, Verwerfungen, Zerwürfnissen hat es in Frankfurt nicht gefehlt. So konnte man denn auch folgern: Sage mir, wo du studiert hast, und ich sage dir, wer du bist! Hieß die Antwort etwa München oder gar Wien, wurde auf eine unpolitische Haltung geschlossen; bei Frankfurt oder Westberlin indes schien klar, dass Studierende, ob sie nun wollten oder nicht, von aktuellen politischen Auseinandersetzungen tangiert wurden.

XVI. Adorno als charismatisch-magnetischer Anziehungspunkt nicht nur der Universität

Wer das Glück hatte, Adorno seit den späten fünfziger Jahren immer wieder zu erleben, in Vorlesungen, Seminaren, Vorträgen, Diskussionen (nicht nur „live“, sondern auch im Rundfunk), sogar als Lied-Pianist in eigener kompositorischer Sache, der wird sich einer außerordentlich charismatischen Figur erinnern, autoritativ gewiss, doch nicht autoritär – und ganz entschieden eines Mannes der sogar großen Öffentlichkeit, in deren Mittelpunkt zu stehen er durchaus genoss: ein passionierter akademischer Lehrer, sich zudem seiner Publikumswirksamkeit unverklemmt bewusst. Verglichen mit den vorher geschilderten radikal pessimistischen Tendenzen fortwährender Apokalypse und tiefgreifender „No-Future“-Bekundung mag dies als Widerspruch erscheinen. Doch dem Typus des gänzlich unbeirrbar weltverneinenden „Hieronymus im Gehäuse“ entsprach der Philosoph gerade nicht. Ein kurzer Vergleich könnte da weiterhelfen. Von seinem Freund Walter Benjamin hatte er sich entfremdet, weil dieser sich orthodox marxistischen Positionen annäherte, wie viele in den zwanziger Jahren ins „neue Mekka“ Moskau reiste, freilich ernüchtert zurückkehrte. Gleichwohl bedachte ihn der Frankfurter Theoretiker mit Karl Kraus’ harschem Ausdruck vom „Moskauderwelsch“. Politische Praxis, gar parteikonform, war dem „kritischen“ Theoretiker suspekt. Doch während Benjamins Abkehr von den KP-Strategien in die beklemmend resignative Formel „Überzeugen ist unfruchtbar“ mündete, hat

Adorno ab 1949 mit unaufhörlicher Energie Aufklärung, Bewusstmachung, Erziehungsarbeit, Bekämpfung von Vorurteilen betrieben. Und gerade weil ihm jegliches Volkstribunen-Pathos völlig abging, wurde er zum großen Lehrmeister der jungen Bundesrepublik.

Der Satz der Achtundsechziger-Studenten „*Unter den Talaren Muff von tausend Jahren*" mag heute historisch klingen, doch in den fünfziger und frühen sechziger Jahren war er noch Realität. Und der jüdische Remigrant, noch dazu als „links" und „modernistisch" verschrien, wusste sehr wohl, auf welch „bräunlichem" Terrain er sich bisweilen selbst in Frankfurt bewegte.

Gleichwohl waren die Vorlesungen, meist im Hörsaal VI, oft geradezu gesellschaftliche Ereignisse. An die tausend Hörer

Identifikationsfigur: Von den Kassandra-Rufen wider die „Massen"-Universität hielt er nichts, genoss es als Anerkennung, dass mitunter über tausend Hörer in seiner Vorlesung saßen. Im Andrang der Studierenden sah er das lebhafte Interesse einer ganzen Generation an entscheidenden gesellschaftlichen Fragen.

saßen nicht nur in den Reihen, sondern auch in den Gängen, sogar auf dem Podium, und zum Teil überaus lebhafte studentische Diskussionen schlossen sich an. In Bockenheim und im Westend fühlten sich nicht wenige, als seien sie unmittelbar Zeugen der Bewegung des Weltgeists. Hier und im Nordend formierten sich auch die gesellschaftskritisch-oppositionellen Bestrebungen, bildete sich die nicht nur geographische Polarität „Universität kontra Bankenviertel" heraus. Dass der Ordinarius weder fähig noch vor allem willens war, sich als politischer Agitator zu profilieren, unmittelbar Partei zu ergreifen, hat ihn 1968–1969 in Konflikte gebracht, die er letztlich wohl als eine Art von „Apocalypse now" erachtete, der er sich schlechterdings nicht mehr gewachsen fühlte.

„Freddie" und „Teddie". Die Oberengadiner Bergwelt war ihm ideale Urlaubslandschaft, Zuflucht vor Frankfurts Turbulenzen. In Sils-Maria (hier mit Gretel 1963), wo Friedrich Nietzsche seine Sommer verbrachte, mögen ihm animierende Gedanken zum Verhältnis von Geist und Leben gekommen sein, fast nach Art eines virtuellen Dialogs.

Dabei entsprach er durchaus dem Bild des bürgerlichen Professors, wobei ausgerechnet der Amerika-Verächter bisweilen mit seinen hellen Anzügen, bunten Krawatten und dem sommerlichen Panama-Hut eine Prise Kalifornien in die Uni-Landschaft brachte. Wurde er schon in den zwanziger Jahren nicht selten der „Eitelkeit" bezichtigt, so war in der Tat graumäusige Bescheidenheit nicht seine Sache. Doch der Vorwurf des „Eitlen“ trifft nicht wirklich. Eher war es ein, hoch entwickelter, Narzissmus, dessen Basis wohl schon im behüteten „Wunderkind“ gelegt wurde, die Vorstellung des Sonderstatus, wenn nicht gar der Auserwähltheit. Aber in manch erwähnten prätentiösen Zügen schwang die Unsicherheit mit, das Gefühl, sich allemal auf gesellschaftlich dünnem Eis zu bewegen. Dementsprechend ambivalent stand er zur Konvention: Sowenig er zum „Revoluzzer“ oder „Bohemien“ taugte, so sehr war gerade ihm die *„Dialektik des Takts“* („Minima Moralia“ Nr. 16) gegenwärtig.

Ohne zu sehr ins Anekdotische zu verfallen, mögen zwei Begebenheiten dies verdeutlichen. Zu den wenigen Verbindungen zwischen Theoretiker und Praktiker gehörte die mit dem Dirigenten Georg Solti (1952–1961 Frankfurter Generalmusikdirektor), der mehrfach bekannte, wie wichtig die Bekanntschaft mit Adorno für ihn geworden sei: Durch das Vierhändigspielen von Bruckner (Siebte), auch Mahler habe er ihm diese Komponisten erst nahegebracht. Adorno, Kompositionsschüler Alban Bergs, hatte Solti wohl zur Aufführung von Bergs „Lulu“ animiert. Premiere war am 8. Januar 1960. Das Unternehmen war in mehrfacher Hinsicht heikel: Berg war noch kaum bekannt, als „grässlicher Neutöner“ verschrien – und Wedekinds „Sex and Crime“-Stück galt als allemal anstößig. Einführungsmatineen, wie heute üblich, gab es damals noch kaum.

Also hatten Intendant Harry Buckwitz und Solti die Idee, den authentischen Berg-Kenner Adorno unmittelbar vor der Aufführung eine Einführung halten zu lassen. Es kam, wie es kommen musste: Das konservativ-blasierte Premierenpublikum, ohnehin in Erwartung des wohl schrecklichen Kommenden gereizt, fühlte sich durch die intellektuelle Intrada provoziert, reagierte mit allerlei störendem Protest. Der Redner hatte nicht nur nicht mit derlei gerechnet, sondern sich, dem feierlichen Anlass entsprechend, in einen recht knappen Smoking gezwängt, was sein Unbehagen sichtlich erhöhte: Der Anpassungsversuch gewann an Tragikomik zumal für den Autor, im oberen Rang sitzend, da der nicht eben schlanke Vortragende quasi aus der Vogelperspektive noch unbeholfener wirkte, der unangenehmen Situation keineswegs gewachsen, ja von völligem Unverständnis geschlagen schien. Umso erstaunlicher die zart trotzige Unbeirrtheit, mit der er seinen Text fertig las. Der misslingende Kotau vor der Konvention und der umso zähere Widerstand gegen deren Verfechter bleiben als „dialektisches Bild" in Erinnerung.

Eine andere Frankfurter Szene: Im Amerika Haus war eine Podiumsdiskussion über Neue Musik angesetzt. Hauptgesprächspartner neben Adorno war der Komponist Peter Jona Korn. Er hatte in Israel und Kalifornien überlebt, kam aus dem Schönberg-Kreis, war 1953 zurückgekehrt, wurde in München Direktor des Richard-Strauss-Konservatoriums. Als Funktionär war er wichtig geworden, hatte sich aber zum wütend reaktionären Hetzer entwickelt, wovon Adorno offenkundig nichts wusste. Einträchtig zogen beide, quasi Arm in Arm, aufs Podium: ein Remigranten-Duo. Korn hielt sich zunächst zurück, gab den Wolf im Schafspelz, und sein Partner blieb verblüffend ahnungslos. Erst als die Invektiven gegen die „korrupte" gesamte Neue Musik eklatant verleumderisch wurden, reagierte Adorno zunächst reserviert: indem er, scheinbar unauffällig, doch dadurch umso deutlicher, mit seinem Stuhl von dem Korns wegrückte – um dann umso entschiedener Korn und dessen Tiraden zu attackieren, das Band der Einvernehmlichkeit zu durchschneiden. Höfliches Wahren bürgerlicher Umgangsformen und ungemütlich schroffes Insistieren in der Sache gehörten eigentümlich zusammen.

XVII. Kultfigur, Schule und Gesellschaft, Sprache und Sprechweise

„Hessen vorn“, der selbstbewusste Slogan der SPD ab 1962, bezog sich nicht zuletzt auf die Sphäre von Kultur und Bildung. Und auch wenn die damalige Landesregierung sich damit nicht unbedingt mit einem Lieblingszitat Adornos, Arthur Rimbauds „*Il faut être absolument moderne*“, identifiziert haben dürfte, so war doch evident, dass das „Projekt Moderne“ einigen Vorrang hatte – sowohl als Parallele wie Verlängerung der Wirtschaftswunder-Gläubigkeit als auch als deren Kritik. Und gerade dies galt besonders für die Frankfurter Schule, zu der auch Ludwig von Friedeburg gehörte, von dem entscheidende Impulse für die Schulreform der Wiesbadener Regierung ausgingen. Doch nicht nur das: Seit den späten vierziger Jahren waren die Darmstädter Ferienkurse für Neue Musik zum Mekka der kompositorischen Avantgarde geworden – und analog ab 1959 die Kasseler „documenta“ für alle vier Jahre zum Brennpunkt für die an aktueller bildender Kunst Interessierten. „Hessen vorn“ war nicht nur politisches, sondern auch intellektuelles Programm, für das in hohem Maß der Name Adorno stand. Die jährliche Frankfurter Buchmesse trug überdies dazu bei, der Stadt weltweit den Nimbus einer ganz besonderen Verbindung von Geist und vielfältiger Kommunikation zu verleihen.

Nun waren, zumindest aus der Perspektive des „Sündenbabels“ Frankfurt, die fünfziger und frühen sechziger Jahre bei weitem nicht so „muffig“, wie es das Schlagwort von der „Adenauer-Ära“ nahelegte. Doch dass nach dem Wiederaufbau ab 1945 auch eine neue Restauration einsetzte, war evident: Zur neuen Sicherheit gehörten alte Werte – oder was man dafür hielt oder ausgab. So gewannen selbst ältere Buchtitel an Gewicht, auch wenn die Werke kaum gelesen wurden. Gemeinsam war ihnen der Genitiv: Spenglers „Untergang des Abendlandes“, Ortega y Gassets „Aufstand der Massen“ – und damals (1948) neu: Hans Sedlmayrs „Verlust der Mitte“. Ein Wahres, Bleibendes, elementar Unverrückbares wurde da beschworen und gegen die böse, gottverlassene moderne Welt in Stellung gebracht. Zumal die Werke der zeitgenössischen bildenden Kunst, auch Architektur, Literatur und Musik, wurden als verfallsträchtig zersetzend gebrandmarkt und noch „bräunlich“ getönte Begriffe wurden da hoffähig. Der Film galt den Spät-Bildungsbürgern ohnehin als „Nicht-Kunst“. Und als der hoch angesehene Zürcher Germanist Emil Staiger die gesamte jüngere Literatur als ästhetisch wie moralisch „verkommen“ abkanzelte, schien nicht einmal wenigen die Welt wieder in Ordnung. Das ist ein halbes Jahrhundert her; doch kann es nicht schaden, sich in Erinnerung zu rufen, wie verkrustet manche Verhältnisse damals noch oder sogar schon wieder waren.

Die charismatische Wirkung Adornos ist auch von daher zu erklären. Nicht nur die jüngere Generation der Studierenden, auch Ältere zog es zu seinen Vorlesungen und Vorträgen wie zu seinen Büchern. Die Hörer wie Lesenden suchten durchaus auch „Werte“, nicht aber Fassaden angeblich höheren, tieferen Sinns, deren Brüchigkeit und historische politische Kontamination rasch durchsichtig wurden. Und auch wenn es nicht allen leichtfiel, die Texte zu verstehen, so dämmerte doch zumindest vielen, dass sie hier nicht mit Schlagworten und markigen Bekundungen „überzeitlicher“ Bedeutung abgespeist, sondern in komplexe Verstehensvorgänge miteinbezogen wurden. Zu diesen gehörte unablösbar Adornos

Sprache. Dass der Gedanke und seine verbale Manifestation nicht voneinander zu trennen sind, ist Philosophie und Literatur gemeinsam: Im Gedicht oder auch Dramen-Monolog Inhalt und Form trennen zu wollen, ist ebenso abwegig wie die Überlegung, Kant oder vor allem Hegel hätten ihre Gedanken auch in weit schlichterer Gestalt vermitteln können. Doch gerade am Nicht-Selbstverständlichen lag Adorno, für den Denken grundsätzlich Fremdheit gegenüber puren Sachverhalten bedeutete: eben das Nicht-Einverständnis mit Hegels heikler Prämisse „*Das Ganze ist das Wahre*". Ihr gegenüber, mit ihrer fatalen Tendenz, zur Verklärung des preußischen Staats herhalten zu müssen, beharrt der Philosoph auf dem Prinzip der Differenz, der Nicht-Identität. Wenn es in den „Minima Moralia" heißt: „*Fremdwörter sind die Juden der Sprache*", dann meint dies nichts anderes als Fürsprache für die jeweils anderen gegen das kompakte Kollektiv.

Seiner Fähigkeit, quasi druckreif in überaus elaborierten Sätzen sich in freier Rede mitzuteilen, war mitunter ein Quäntchen Lust am virtuosen Verfügen über Formulierungskünste beigemischt. Wer wollte das bestreiten? Doch versuchte man, manches in seinen Texten einfacher zu sagen, so folgte hoffnungsloses Scheitern. Natürlich wurde er auch zur Kultfigur, ja zum bewunderten „Star" der Frankfurter Schule. Und er hat es auch genossen. Dazu gehörten auch Übernahme-Phänomene, etwa im Adorno'schen Duktus zu schreiben und zu reden: Gerade dessen herausgehobene Unverwechselbarkeit verleitete zu manieristischer Imitation. Überdies war die Generation der Achtundsechziger mitunter ausgesprochen zitierfreudig, und bis in die achtziger Jahre hinein war es keineswegs selten, dass manche Sätze Brechts, Blochs, Benjamins und natürlich Adornos schier sentenzenhaft die Diskussionen durchzogen.

Hat man noch Adornos Sprechweise, live oder im Rundfunk, im Ohr, so dominiert zweifellos der Eindruck des bisweilen fast filigran Gewählten, perfekt Artikulierten, von Zufälligkeiten Freien. Doch so reich moduliert Stimme und Vortrag klangen: Das Moment des subjektiv spontan Akzentuierten, nicht nur sprachlich, sondern auch mimisch, selbst gestisch impulsiv Belebten fiel kaum sonderlich auf. Als ausgesprochener Espressivo-Redner jedenfalls ist er nicht in Erinnerung; bei einem Autor, der so dringlich die Entfaltung des Subjekts beschwor, immerhin erstaunlich. Einen, obschon hoch zielenden, Assoziationsschlüssel hierfür freilich gab es. In Arnold Schönbergs Prager Gedenkrede auf Gustav Mahler 1913 heißt es nämlich: „*Seine Neunte ist höchst merkwürdig. In ihr spricht*

Solitär vor Mikrophon: Bei aller „Fortschritts"-Skepsis war Adorno auf öffentliche Wirksamkeit in Vorlesungen, Vorträgen und Diskussionen bedacht. Auch den Rundfunk wusste er zu nutzen: Zahlreiche Texte erklangen sogar erst als Radio-Vortrag, gewannen Kultstatus auch dank Adornos Diktion, die Sprachkunstwerke in Sprech-Kunst verwandelte.

der Autor kaum mehr als Subjekt. Fast sieht es so aus, als ob es für dieses Werk noch einen verborgenen Autor gebe, der Mahler bloß als Sprachrohr benutzt hat. Dieses Werk ist nicht mehr im Ich-Ton gehalten. Es bringt sozusagen objektive, fast leidenschaftslose Konstatierungen, von einer Schönheit, die nur dem bemerkbar wird, der auf animalische Wärme verzichten kann und sich in geistiger Kühle wohlfühlt."

Ob sich Adorno mit der These von leidenschaftsloser Entrücktheit, antianimalischer Kühle hätte identifizieren mögen, bleibe dahingestellt; zumal im Hinblick auf seine Vorbehalte gegenüber Strawinskys subjektfeindlich kalter Sachlichkeit. Doch die Vorstellung, dass es gleichsam in ihm dachte und aus ihm sprach, der „objektive Geist" sich seiner als reflektierend redendes Instrument bediente, wäre ihm schwerlich zuwider gewesen – zumal in der Verlängerung Mahler, Schönberg, Adorno.

Falsch indes wäre der Eindruck des selbstreferenziell Monologisierenden, hatte doch der hegelianische Begriff der

Der Weltgeist zu zweit: Sehr oft hielten Adorno und Horkheimer ihre philosophischen Seminare gemeinsam.

„Vermittlung" zentrale Bedeutung für ihn: Der Gedanke selber wird erst in der Auseinandersetzung mit dem jeweils anderen lebendig. Denn auch wenn Adorno vom „Dialog"-Ideal etwa Martin Bubers, den er als „Religionstiroler" verspottete, wenig hielt, so steckte in Adornos über 40-jähriger Beziehung zu Max Horkheimer etwas von einer quasi dualen Existenz. Und noch bis in die sechziger Jahre hinein kursierten Überlegungen – nach dem bildungsbürgerlichen Schema Schiller oder Goethe –, wer von beiden denn nun der „Größere" sei. Analog dazu wurde die jeweilige Dominanz von Philosophie oder Soziologie ventiliert.

Max Horkheimers als Rektor der Universität außerordentlicher Bedeutung gerecht zu werden, ist im Nachhinein schwierig. Denn letztlich hat der in den zwanziger und dreißiger Jahren höchst produktive Sozialphilosoph ab 1950 kaum mehr größere eigene Texte publiziert, während sein Alter Ego eine mitunter selbst quantitativ frappierende schriftstellerische Energie bekundete. Traten „Teddie" und Max gemeinsam auf, so ergaben sich animierende Dialoge und Interaktionen, mitunter wahrhaft dialektische Exkurse. Dennoch: Trügt das Gedächtnis nicht, so war Adorno ab 1960 die intellektuell weitaus vitalere Figur, zumal mit seiner literarisch-ästhetischen Impulsivität. Während Horkheimers Beziehungen zur Kunst meist etwas Platonisches anhaftete. Horkheimers Bekenntnisse zu den Idealen der Aufklärung klangen nicht selten eher ein wenig wohlmeinend, mit sanft schopenhauerianischem Pessimismus grundiert. Und wenn er angesichts der studentischen Proteste gegen den Vietnam-Krieg die Vereinigten Staaten dennoch als Land der Freiheit pries, dann war dies als Dankbarkeitsbekundung dessen, der dem Holocaust in Amerika entging, zwar durchaus nachvollziehbar, wirkte aber in der aktuellen politischen Situation auch leicht

„donquichottesk“. Und Warnungen vor der „gelben Gefahr“ ließen zumindest ahnen, wie groß die Kluft zwischen seinem Domizil in Montagnola bei Lugano und der realiter politisierten Sphäre der Frankfurter Universität geworden war. Dass Adorno den jüngeren Jürgen Habermas gegen Horkheimers Vorbehalte, er sei „zu links“, verteidigen musste, belegt immerhin, dass das mitunter schier zwillingshafte Einverständnis der „Dialektik der Aufklärung“-Autoren von Verwerfungen vielleicht doch nicht ganz frei war.

Die Liste der Vorlesungen und Seminare der beiden – oft auch gemeinsam – ist gleichwohl ausgesprochen paritätisch; und Gleiches gilt für das Verhältnis von Philosophie und Soziologie. Aus der Retrospektive könnte das auch ein wenig trügerisch wirken. Adornos Arbeiten zur Soziologie wurden in den sechziger Jahren immer deutlicher von den Spannungen zur empirischen Sozialforschung bestimmt, zu deren Exponenten (etwa René König, Elisabeth Noelle-Neumann, Helmut Schelsky oder Erwin Scheuch) er ein deutlich distanziertes Verhältnis hatte. Wobei sein Einwand gegen manch positivistische Einzeldaten-Erhebung immerhin plausibel war. Doch die Skepsis gegenüber zahlengläubiger Fakten-Fixierung ließ nicht immer vergessen, dass die „Theorie der Gesellschaft“ zunehmend thesenhafter wurde. Dass etwa die „Vorlesung zur Einleitung in die Soziologie“ im Sommersemester 1968 eine Fülle tiefgreifender Einsichten enthält, bleibt dennoch unbestreitbar. Die Spaltung zwischen dem Begriff vom Ganzen der sozialen Beziehungen und seiner Deutung und der Untersuchung von Spezialphänomenen hat sich jedenfalls nicht zurückgebildet, auch wenn sich das Institut für Sozialforschung nicht zuletzt über Studien zur Industrie- und Betriebssoziologie finanziert hat.

XVIII. Missverständnisse und Paradoxien: Adornos Musikphilosophie zwischen Radikalitätsutopie und erinnernder Beschwörung

Philosophie, Soziologie, Literatur, Musik, Psychologie, Erziehung, Kulturkritik: ob in Universität oder Kulturbetrieb – die Parzellen waren abgesteckt, „Schuster, bleib' bei deinem Leisten" hieß die Devise. Folgerichtig galt Adorno sehr bald als Beelzebub der Inter-, ja Transdisziplinarität, der die schönen Ordnungen von etablierter Wissenschaft in Theorie wie Praxis durcheinanderbrachte. Jemand, der sich anmaßte, über Hegel, soziale Vorurteile, kompositorische Detailfragen, Engpässe der Psychoanalyse und die Lyrik Eichendorffs gleichermaßen artikuliert sich zu äußern, galt nicht selten schlicht als „unseriös", wenn nicht gar „Hansdampf in allen Gassen". Die oft genug reflexhaften Diffamierungen durch die jeweiligen „Fachvertreter" sprachen da eine deutliche Sprache: Galt er vielen ohnehin als „Nestbeschmutzer", so wurden ihm überdies Übergriffe auf fremdes Terrain angelastet. Obwohl sich mehrfach herausstellte, dass er gar manchen, nicht nur akademischen, Koryphäen gleichwertig, wenn nicht überlegen war.

Übersehen wurde nicht zuletzt seine Qualität des Quasi-Proteushaften: So wie er es verstand, sich eine zunächst fremde Sache oder Sphäre anzuverwandeln, so gelang es ihm, diese wiederum von innen her zu beleben. Dies mag erklären, warum so vieles bei ihm unterschwellig zusammenhängt – und warum (Musik-)Ästhetik, Kulturkritik und geschichtsphilosophische Überlegungen wechselweise aufeinander bezogen sind. Wenn in dieser Arbeit musikalische Themen eine erhebliche Rolle spielen, so nicht nur, weil sich der Autor hier einigermaßen kompetent dünkt, sondern auch und mehr noch, weil in Adornos Texten generelle Gedankengänge zusammenschießen: Gerade Musik war für ihn, durchaus in der Beethoven'schen Tradition, eben mehr als nur Musik.

Die Fülle und Heterogenität von Adornos Publikationen wie die Exponiertheit seiner Positionen – bei gleichzeitiger Verweigerung blanker Thesen oder Definitionen – hat natürlich auch Missverständnisse befördert, sogar tendenziöse Fehlinterpretationen. Diese wiederum waren oft symptomatisch, warfen ein bezeichnendes Licht auf die von Adorno kritisierten Verhältnisse selber. So kursierte schon in den fünfziger Jahren der Vorwurf, Adorno sei eine Art Chefideologe der orthodoxen Darmstädter Schule, deren offiziell-affirmatives intellektuelles Sprachrohr, wenn nicht deren theoretisch rechtfertigende Instanz: Den seriellen Dogmatismus habe er verklärt. Seit Hans Werner Henzes Exodus nach Italien 1957 galt Darmstadt als Zwingburg technizistischer Material- wie Systemgläubigkeit: eine Art Laboratorium, in dem eine Art „Dr. No" der frühen James-Bond-Filme teuflische Reihen-Experimente zum Zweck musikalischer Weltherrschaft anstellte. Vor allem das Triumvirat Boulez, Stockhausen, Nono wurde entsprechend dämonisiert, obwohl dessen Zusammenhalt nur kurz währte, die disparaten Momente von Anfang an klar waren. Bis in die Gegenwart wurde das Darmstadt der späten vierziger, dann fünfziger Jahre zum Synonym steriler Hermetik – bis hin zum Popanz, auf den beliebig einzudreschen war – und Adorno zum Mit-, ja Hauptschuldigen an einer musikalischen Entwicklung hin zu gänzlicher Traditions-, Sprach- und Verständnisverweigerung.

Zwischen 1950 und 1966 war er regelmäßig Gast in Darmstadt, als Zuhörer, Vortragender und Gesprächsteilnehmer. Er fühlte sich dort heimisch, genoss den Kontakt mit Boulez, Stockhausen, auch älteren Gefährten des Schönberg-Kreises wie dem Geiger Rudolf Kolisch und seinem Wiener Klavierlehrer Eduard Steuermann – und war sich dessen bewusst, hier mit dem kompositorischen Fortschritt unmittelbar zu tun zu haben. Dennoch, zum unkritischen Propagandisten der reinen Reihentechnik taugte er keineswegs. Schon in der „Philosophie der neuen Musik" hatte er Vorbehalte gegen einen latenten Automatismus der Zwölfton-Dispositionen angemeldet, der ihm später auch schon bei den „reifen" Werken Anton Weberns bedenklich schien: Die Quasi-Selbstentfaltung der Tonhöhen-Verkettungen schien ihm ein „Entlastungsversuch" gegenüber wirklichem, wagemutigem Komponieren – als würden die Reihen sich gleichsam von selber zu kristallinen musikalischen Werken konfigurieren.

Mekka der Moderne: Ab 1946 fanden die Darmstädter „Ferienkurse für Neue Musik" statt. Adorno führte 1950 bis 1966 intensive Gespräche mit Karlheinz Stockhausen (hier im Bild) und Pierre Boulez, der ihm einen bewegenden Nachruf widmete. Dass er nicht Darmstädter „Chefideologe" war, belegte schon „Das Altern der Neuen Musik" (1954).

Auf die ersten Darmstädter Erfahrungen mit der unreflektierten Übernahme reihentechnischer Selbstläufer-Systematik reagierte er schon 1954 mit dem Stuttgarter Vortrag „Das

Altern der Neuen Musik", in dem er dezidiert Einspruch erhob gegen den Irrglauben, das strikte Befolgen mathematischer Regeln, reihentechnische Erbsenzählerei garantiere schon wahrhaft zeitgenössische Kunst: *„Der Begriff des Fortschritts verliert sein Recht, wo Komponieren zur Bastelei, wo das Subjekt, dessen Freiheit die Bedingung avancierter Kunst ist, ausgetrieben wird; wo eine gewalttätige und äußerliche Totalität, gar nicht so unähnlich den politischen totalitären Systemen, die Macht ergreift (...) Das Höchste, was da zustande kommt, sind Stücke, die aus dem zuweilen sehr entwickelten Wissen um das heute technisch Notwendige hervorgetrieben sind. In ihnen bezeugt jeder Takt die Überlegung, wie Musik auszusehen habe, die gegen alle erdenklichen Einwände gefeit ist. Es sind Schulstücke, Paradigmata. Sie messen sich an einem unsichtbaren Kanon des Erlaubten und Verbotenen, und die wachsame Kontrolle, deren es gewiss bedarf, bleibt vom Komponieren allein übrig."* Ästhetische System-Bejauchzung sähe anders aus.

Ganz im Gegensatz zu den diversen Unterstellungen technizistischer Hagiographie hat er sein ästhetisches Credo 1961 in Darmstadt am Ende des hochprogrammatischen Textes „Vers une musique informelle" formuliert: *„Die Gestalt aller künstlerischen Utopie heute ist: Dinge machen, von denen wir nicht wissen, was sie sind."* Eine Kunst ohne trügerische Absicherungen schwebte ihm vor, frei experimentell nach vorne gerichtet, unberechenbar in ihren Verläufen und Ergebnissen – und einzig an Rimbauds Forderung *„Il faut être absolument moderne"* orientiert. Stockhausens „Gruppen" oder „Carré", Boulez' „Marteau sans maître", zweite und dritte Klaviersonate schienen ihm für eine Ästhetik einzustehen, in der Freiheit und Konstruktion in eins fielen. Und John Cages Klavierkonzert (1958) in seiner aleatorischen Unbestimmtheit wurde ihm zum Ereignis: Zufall und Dichte fielen zusammen. Wenig später entdeckte er in György Ligetis Orchesterstück „Atmosphères“ kontinuierlich frei flutende Klangfarbenbänder als Analogie zur tachistisch informellen Malerei. Da fühlte sich der rückhaltlos spekulative Avantgarde-Ästhetiker eins mit den radikalen Emanationen des Weltgeists: Denn gerade das, was die politische, ökonomisch-soziale Wirklichkeit den Menschen vorenthielt, die unreglementierte Freiheit subjektiven Ausdrucks, das sah er als autonome Kunst realisiert. Nicht diese also habe sich an der gesellschaftlichen Welt auszurichten, sondern umgekehrt diese am unverstellt utopischen Potenzial von Musik und Malerei. Nicht ohne Grund polemisierte er denn auch gegen die beim deutschen Bildungsbürgertum so überaus beliebte Conclusio von Schillers „Wallenstein“-Prolog: „Ernst ist das Leben, heiter ist die Kunst.“ Denn ganz im Gegenteil: Leicht solle das Leben sein, dann müsse man mit und in der Kunst nicht scherzen, sondern in ihr das wahre Bild des Menschen erkennen können.

Dass in Darmstadt gleichwohl ein eher linearer Fortschrittsbegriff kultiviert wurde, war nicht zu übersehen, und des Frankfurter Philosophen und Musikers Neigung, komplexe Situationen theoretisch zu radikalisieren, passte dazu. Zeugten schon seine Kompositionen der zwanziger bis vierziger Jahre bisweilen auch von der Anstrengung, nur ja nicht hinter dem damals avanciertesten Stand zurückzubleiben, so entstand mitunter auch in Darmstadt der Eindruck, er habe versucht, den jeweils jüngsten Entwicklungen eine Art ästhetischen Überbaus zu verleihen. Das schloss den antiorthodoxen Einspruch im „Altern der Neuen Musik“ ebenso wenig aus wie die utopische Final-Projektion von „Vers une musique informelle“. Dass die Darmstädter Kurse von intensiven Diskussionen begleitet wurden, war Usus, nicht minder, dass Kontroversen nachträglich aktiviert, ja dass dabei verschiedenartige Konflikte abgearbeitet, ja alte Rechnungen beglichen wurden: Wenn der Komponist Konrad Böhmer, seit Jahrzehnten in den Niederlanden lebend, Adorno sogar einmal quasi liebevoll despektierlich als „intellektuelles Maskottchen" der Ferienkurse bezeichnete, dann zitterte da die Spannung zwischen Aufbruch und Schulbildung satirisch nach.

Ein Riss freilich durchzog die lang anhaltenden Diskussionen weniger in als über Darmstadt: Was tun mit der Geschichte? Für die „zornigen jungen Männer" Boulez, Stockhausen, Luigi Nono, Bruno Maderna, Henri Pousseur, später Ligeti und Kagel war die Vergangenheit gründlich kontaminiert und diskreditiert: Tonalität, Großform, Sprachähnlichkeit, Sinfonie, Oper, Textvertonung galten als Relikte des Faschismus – mit Wagner als Über-Schreckensfigur. Das war die rigide Doktrin des Serialismus: Geschichte sollte verdrängt werden; allenfalls innerkompositorisch, als deterministische Konstruktion schien sie tolerabel. Vor allem Hans Werner Henze hat sich dagegen aufgebäumt, witterte in Darmstadt einen neuen, zunächst nur musikalischen, Totalitarismus.

Adorno war in einem Dilemma, dessen Ausmaß erst allmählich erkennbar wird. Denn sosehr er sich auch mit einem rigorosen Innovationsanspruch identifizierte, so wenig sah er sich als Darmstädter „Chefideologen" – und so janusköpfig war auch das Geschichtsbild des Dialektikers, für den „Tradition" nicht nur ein leeres Wort war – und für den zumal nach „Auschwitz" Kunst, erst recht als selbstreferenzielle Konstruktion, nur schwer mehr vorstellbar war. Er suchte eine Musik, in der die Keime des Zukünftigen und die Wundmale der Vergangenheit unentwirrbar sich durchdrangen, in der die Schreie der Opfer und die utopische Autonomie der Kunst sich zwar nicht gegenseitig aufhoben, in der sie indes beide, alles andere als schlicht tröstlich, „aufgehoben" erschienen.

Von dieser schmerzlichen Spannung zeugte vor allem das Buch über Gustav Mahler (1960) mit seiner gleich dreifachen Anstrengung: den Partituren und ihren kompositionstechnischen Implikationen analytisch beizukommen, hermeneutisch den Sinn der Werke aufzuschlüsseln, auch in der Nacherzählung quasi romanhafter Verläufe – und in der Tendenz zu mimetischer Identifikation. In solch emphatischer Subjektivität sahen so manche avantgardistische „Materialfetischisten" Momente sentimentaler Anverwandlung und in Adornos Beharren auf den „Brüchen" Mahlers Verrat am reinen Strukturdenken. Doch für die um 1960 einsetzende Mahler-„Welle" waren die Impulse des Buches von entscheidender Bedeutung, setzte es doch scharfe Akzente wider die oft unsäglichen, zumal nicht selten immer noch antisemitisch unterfütterten Klischees. Frei von Ambivalenzen war seine Sicht nicht. Der integrierende Blick auf heterogenes, sogar trivial geprägtes Material, auf die Übernahmen aus den – sei es sentimentalen, sei es martialischen – Genres widersprach so seiner sonst generellen Abneigung gegen slawische Folklore. Und noch die Beteuerung, in Mahlers Liedern und Sinfonien ließen sich kaum eindeutige Zitate „jüdischer" Musik nachweisen, lässt Berührungsangst ahnen. Mahler-Interpreten wie Leonard Bernstein oder Uri Caine haben im Gegenteil gerade eine Art Klezmer-Komponente akzentuiert.

So schwankt das Buch zwischen dem Insistieren auf der Vorwegnahme spezifischer Techniken Neuer Musik und emotionaler Anteilnahme. Doch nicht nur dies macht seine Bedeutung aus: Es ist überdies das wohl einzige Werk Adornos, in dem er sich rigoros über das Credo ästhetischer Immanenz und Autonomie im Sinne strikter Material-Verbindlichkeit hinwegsetzt. Ansonsten war ihm das Eindringen „unterer" Musik in die „obere" suspekt. Unterm Aspekt pluralistischer

Perspektivenvielfalt markiert „Mahler“ eine unerwartet avancierte Position, mögen sich auch manch Nüchterne über bisweilen schier rührselig anmutende Ausdeutungen mokiert haben.

Wenn es einen Komponisten des 20. Jahrhunderts gab, mit dem sich Adorno, auch persönlich, rückhaltlos identifizierte, dann war dies sein Wiener Kompositionslehrer Alban Berg, dessen auch wehmütig retrospektive Züge, dessen große elegische, bisweilen selbst kryptotonale Gebärde ihm durchaus bewusst waren. Außerdem war Berg der einzige Komponist, bei dem Jazz-Einsprengsel (in „Der Wein“ und „Lulu“) nicht sofort grimmige Abwehr auslösten. Insofern ist seine Monographie „Berg. Der Meister des kleinsten Übergangs“ ebenfalls in der Introspektion weit nach vorne offen. Pikant immerhin ist, dass ausgerechnet des finsteren „Götterdämmerungs“-Alberich Mahnung „Sei treu!“ als Motto dient.

XIX. Eine dritte Welt: Adorno und die Literatur

Kaum ein Satz Adornos ist so kontrovers rezipiert und diskutiert worden wie der erstmals in „Kulturkritik und Gesellschaft“ formulierte: *„nach Auschwitz ein Gedicht zu schreiben, ist barbarisch, und das frisst auch die Erkenntnis an, die ausspricht, warum es unmöglich ward, heute Gedichte zu schreiben.*“ Der Philosoph hat mehrfach versucht, die schwärzest pessimistische Radikalität des Diktums zu modifizieren und zu relativieren, allerdings ohne es gänzlich zurückzunehmen. Entsprechend ist ihm dies besorgt oder hämisch entgegengehalten worden. Jedenfalls wollte er auf keinen Fall mit seinen Schriften in die Nachfolge von Goethes „Werther“-Briefroman geraten, der seinerzeit eine regelrechte Selbstmordwelle ausgelöst hatte. Unlängst sind Briefwechsel zwischen ihm und Studierenden aus den sechziger Jahren aufgetaucht, in denen er diese fast rührend besorgt darauf hinweist, dass zwischen Theorie und Praxis eben doch Welten liegen – und dass äußerste Desperatheit nicht zwangsläufig quasi in den Suizid führe. Zumal nicht zuletzt der akademische Lehrer gelegentlich sogar Züge bürgerlich-professoraler Behaglichkeit erkennen ließ, die in hohem Selbstwertgefühl gegründet schienen.

Und evident war, dass die Sphäre des Ästhetischen der der philosophisch-soziologischen Theorie gleichrangig war; wobei die Musik zwar dominierte, die Literatur indes eine Art dritten Strang bildete. Ja mehr noch: Waren Philosophie und Literatur ohnehin durch Sprache miteinander verbunden, so war deren Medium die Schrift – und ebendiese trug auch die Musik. Partituren waren Noten-Texte, und ohne diese war

Musik für ihn nur begrenzt vorstellbar. Im elaborierten zweidimensionalen Zeichensystem wurden Kompositionen nun einmal tradiert; anderen, etwa oralen oder imitierenden, erst recht improvisierenden Traditionen und Praktiken begegnete er zeitlebens mit Misstrauen. Und noch in seinen Überlegungen zur Malerei spielt der Begriff der „écriture" eine wichtige Rolle.

Wie substanziell die Beziehungen zwischen Philosophie und Dichtung für ihn waren, erhellt allein, dass Hegel der einzige quasi akademische Fachphilosoph war, während die ihm nahestehenden Denker hauptsächlich als freie Schriftsteller publizierten: Schopenhauer, Nietzsche, Marx, Freud, Kraus, Bloch, Benjamin, Kracauer, Lukács, Marcuse, Elias Canetti. Und selbstverständlich hat sich Adorno in hohem Maße als kritischer Essayist und Aphoristiker verstanden – und keineswegs als Verfertiger weltanschaulicher Systeme. Konservativ, traditionsorientiert freilich war er in der Konzentration auf genuin bürgerliche Gattungen: Gedicht und Roman. Und selbst wenn er sich explizit Theater-Texten widmete, Goethes „Iphigenie auf Tauris" oder der „Faust II"-Schlussszene, selbst Becketts „Endspiel", so fokussierte er in erster Linie den gedruckten Wortlaut.

Programmatisch überhöht findet sich dies im Beginn des Essays „Zur Schlussszene des Faust": „*Für den Alexandrinismus, die auslegende Versenkung in überlieferte Schriften, spricht manches in der gegenwärtigen geschichtlichen Lage. Scham sträubt sich dagegen, metaphysische Intentionen unmittelbar auszudrücken; wagte man es, so wäre man dem jubelnden Missverständnis preisgegeben. Auch objektiv ist heute wohl alles verwehrt, was irgend dem Dasein Sinn zuschriebe, und noch dessen Verleugnung, der offizielle Nihilismus, verkam zur Positivität der Aussage, einem Stück Schein, das womöglich die Verzweiflung in der Welt als deren*

Wesensgehalt rechtfertigt, Auschwitz als Grenzsituation. Darum sucht der Gedanke Schutz bei Texten.“

„Schutz“ freilich heißt nicht unbedingt auch schon Trost, sondern eher ein Refugium der Reflexion, mag diese auch noch so schmerzlich sein. Adornos Texte zur Literatur sind zentral auch in ihrer Disparatheit. Zu den Essays über Aldous Huxley, Paul Valéry und Marcel Proust, zu Franz Kafka, Walter Benjamin und zum George-Hofmannsthal-Briefwechsel in den „Prismen“ kommen vier Bände „Noten zur Literatur“, deren vierten er nicht mehr selber edierte. Das Wort „Noten“ meint zunächst Anmerkungen, ist aber in einem Fall ganz wörtlich zu nehmen: als Hinweis auf in Musik aufgehobener Dichtung. So ist er ganz besonders, fast drängt der Ausdruck „innig“ sich auf, einem Lyriker nachgegangen, der nicht zufällig übernachdrücklich von erzkonservativ deutschtümelnden Romantik-Verklärern für sich in Anspruch genommen wurde: Eichendorff.

Für Adorno wie Bloch war Musik zentral. Walter Benjamin, Siegfried Kracauer und Georg Lukács hatten zu ihr keine Beziehung. Führte Benjamins Marxismus-Nähe ihn 1926/27 nach Moskau, so war Benjamins These von der „Politisierung der Kunst“ Adorno wenig geheuer. Für die Benjamin-Rezeption freilich war er von außerordentlicher Bedeutung.

„Zum Gedächtnis Eichendorffs“ liest sich so bewegend, weil man spürt, auf welch ideologisch vermintem Terrain Adorno sich bewegte – um gerade hier, schier wünschelrutengängerisch, das zart Sprengende, sich aller Vereinnahmung Entziehende herauszuleuchten: „*Eichendorff erkennend vor Freunden und Feinden retten, ist das Gegenteil sturer Apologie.*" So entdeckt er gerade in den scheinbar vertrauten Versen, in denen die Traditionalisten nur allzu gerne das große Loblied aufs heimelig Geborgene und Wertbeständige glaubten heraushören zu können, das Moment des Verwirrt-Verwirrenden, darin auch Verirrenden, also gerade die Auflösungstendenzen, nicht den Kult des „Gebundenseins": „*(...) so zeigt Eichendorffs Lyrik kaum ans konkrete Bild der Geliebten sich gebunden: eine jegliche bestimmte Schöne wäre schon Verrat an der Idee schrankenloser Erfüllung. Selbst in ‚Übern Garten durch die Lüfte', einem der passioniertesten Liebesgedichte der deutschen Sprache, erscheint weder sie selber, noch redet der Dichter von sich. Laut wird einzig der Jubel: ‚Sie ist Deine, sie ist dein!' Über Namen und Erfüllung ist ein Bilderverbot ergangen.*" Präexpressionistische Zerstückeltheit, präimpressionistische Schwebezustände, Vorwegnahmen Charles Baudelaires scheinen hier auf; und ausgerechnet in den Nachklängen barocker Allegorie tönt das Wetterleuchten der Moderne. Dabei versucht Adorno keineswegs, Eichendorff partout gegen den Strich zu bürsten. Sondern unangestrengt lässt er sich auf ihn ein, verschweigt die restaurativen Gefährdungen nicht – um noch ihnen utopischen Überschwang zu entnehmen. Um diesen zu vergegenwärtigen, ist nichts geeigneter als Schumanns hinreißender Liederkreis op. 39, dem denn auch die berückende Coda gilt.

Wenn Adorno „*Bach gegen seine Liebhaber verteidigt*", so zielt er auf Rettung vor ideologischer Zurichtung. Und so strahlt auch Eichendorffs Licht auratischer als in allen kulturkonservativen Besitzerstolz-Bekundungen. Ähnlich ergeht es einem anderen bedeutenden deutschen Lyriker: Stefan George. Sicher waren ihm dessen angestrengt „hoher Ton“, der männerbündische Führer-Kult suspekt. Wie auch bei Eichendorff wird fatal Ideologisches keineswegs ausgespart: *„Wo George zum Preis von Führertum sich erniedrigt, ist er in Schuld verstrickt und nicht wiederzuerwecken. Allerdings – und das deutet auf das Abgründige in seinem Werk – wurde gerade dies künstlerisch Fragwürdigste, Ideologische real in gewissem Sinn entsühnt. Dem Grafen Klaus Stauffenberg, der den Tyrannenmord wagte und sich opferte, mochte jenes George'sche Gedicht (‚Der Täter') gegenwärtig sein, das dessen Bild im Augenblick vor einer solchen Aktion festhält, allerdings sie unpolitisch vorstellt oder als eine innerhalb herrschender Cliquen.*“

Im hohepriesterlichen Gestus des autoritär Authentischen sah Adorno das Brüchige an George. Doch wusste der Philosoph und Komponist nur zu genau, warum seine Idole Schönberg, Berg und Webern George vertonten, also auch, warum man ihn gegen seine einstigen Anbeter verteidigen muss, nicht zuletzt in der Vorwegnahme Schönberg'scher Modernität: „*Sprich nicht immer / von dem laub / windes raub / Vom zerschellen reifer quitten / Von den tritten der vernichter / Spät im jahr / Von dem zittern der libellen, / In gewittern / Und der lichter / Deren flimmer / Wandelbar.*“ In solcher Kürzelsprache hat George alle angemaßte Feierlichkeit hinter sich gelassen. Und in einigen der späten Prosa-Traumprotokolle tauchen sogar Phantasmagorien auf, die man eher mit Antonin Artaud assoziieren würde, dessen Namen, bei Adorno, gewiss schwerlich zufällig, gerade nicht auftaucht. Mit den „poètes maudits“ tat sich der Ästhetiker schwer: Der einzige „verkommene“ Künstler neben dem gleichwohl gerade auch durch Georges Nachdichtungen kanonisierten Baudelaire und natürlich Rimbaud, den er akzeptierte, war Modest Mussorgski.

Eine weitere Paradoxie: Sieht man von Beckett ab, hat sich Adorno nur mit einem wirklich „avantgardistischen" Literaten engagiert beschäftigt: Hans G. Helms war Schriftsteller, Komponist, Musikästhetiker und Sozialhistoriker wie -theoretiker. Seine multilinguale Sprachkomposition „Fa:m' Ahniesgwow" ist eine pluralistische Konstruktion, gleichermaßen zum Lesen, auch als Grafik, wie zum Hören. Die experimentellen Züge von James Joyces „Finnegans Wake" sind hier weitergeführt, und der konzeptionalistische Charakter widersetzt sich der Rezeption als geschlossenes Kunstwerk. Gleichzeitig aber setzte sich Helms auch inflammiert für die Musik des amerikanischen Komponisten Charles Ives mit ihren ästhetisch wie sozial utopischen Aspekten ein, dessen „unreines", mitunter collagehaftes Komponieren bei Adorno nicht eben zufällig keinerlei Resonanz fand.

XX. Die letzten Jahre: Engpässe der Ästhetik, die Tücken des Systems – und die Sirenen der Politik

Mehrfach hat Adorno darauf hingewiesen, dass die wahre Größe von Künstlern auf ihrem „Spätwerk" beruhe. Dies aber gerade nicht im Sinne des Klassizismus als verklärt-abgehobene Entrückung, sondern als brüchige, latent scheiternde Akkumulation heterogener Impulse, Tendenzen und Kon-

Lehrer und Schüler: Adorno und Hans-Jürgen Krahl schätzten sich: eine ambivalente Vater-Sohn-Beziehung. Der Lehrer akzeptierte kritische Radikalität, hielt aber Distanz zum SDS-Aktionismus. Die Auseinandersetzung eskalierte zum Prozess, in dem er gegen den hochbegabten Dissidenten aussagen musste. Wie unwohl er sich dabei fühlte, zeigt das Bild.

flikte. Dazu gehören sowohl fortschreitende Radikalisierung als auch Risse, Schwenks, unerwartete Paradigmenwechsel. Als zugespitztes Beispiel diente ihm besonders Beethovens Spätstil mit dem wahrhaft dialektischen Widerspiel von Extension und komprimierter Miniatur, strengem Konstruktivismus, Phantastik und Simplizität, schroffer Erratik und sogar Lieblichkeit. Wer immer sich mit dem späten Beethoven befasst, wird merken, wie schwer es ist, eine Art gemeinsamen Nenner zu finden.

Analog lassen auch die späten Frankfurter Jahre manche Positionswechsel, Widersprüche erkennen. Ja, in einigen Fällen muten frühere Auffassungen, die relativ stabil erschienen, regelrecht konterkariert an. Und bedenkt man, welche Bedeutung theoretische Stringenz und Konsistenz innerhalb dieses Denkens hatte, dann kann man sich zumindest imaginieren, dass ihm manche Wandlungen nicht eben leicht gefallen sind. Überdies war Adorno kein Ironiker, erst recht kein Spieler: Der sich verstellende, „uneigentliche“ Tonfall lag ihm ganz und gar nicht. Entsprechend schwer tat er sich damit, „souverän“, also distanziert, großzügig-leger über heikle Situationen hinwegzugehen. Stets war seine Haltung die des tiefen Ernsts – entweder in der Verletztheit oder im ungemütlichen „Jetzt gerade!“ Folglich war ihm keine sonderliche Lust an Paradoxien eigen. Widersprüchen wich er zwar keineswegs aus, doch das Jonglieren mit Doppeldeutigkeiten, Meta-Ebenen war ihm zuwider.

Womöglich gerade deshalb ist er einigen Engpässen nicht entronnen. Angelegt freilich waren sie schon, so in der Spannung zwischen der Fixierung auf den Systematiker des Deutschen Idealismus, Hegel, und der Weiterung ins Essayistische und Aphoristische, für die vor allem Nietzsche stand. Bestand schon die „Dialektik der Aufklärung“, ohnehin kein übermäßig ausführliches Buch, aus deutlich geschiedenen einzelnen

Teilen und war zudem, schwer unterscheidbar, von zwei Autoren verfasst, so sind Adornos spätere Bücher eher knapp gehalten. Selbst der Mahler-Band ist schmal, keineswegs enzyklopädisch. Seine Vorbehalte gegen ausgebaute „Systeme“ und ausladende „Hauptwerke“ entsprangen einem ähnlichen Impuls wider das nur äußerlich starr in sich Geschlossene und die anmaßende Behauptung des gelungenen Großen und Ganzen. Gleichwohl hat sich der kritische Theoretiker schließlich doch sogar zweimal in die heikle Nähe eines „Chef d'Œuvre“ begeben.

Dem „Minima Moralia“-Motto „*Das Ganze ist das Unwahre*“ zwar folgend, hat er in der „Negativen Dialektik“, entstanden 1959–1966, auf über 400 Seiten eine Art „Summa“ verfasst, auch und gerade, weil in ihr frühere Überlegungen und Formulierungen hegelianisch „aufgehoben“ erscheinen. Labyrinthisch verästelt bewegt sich „Negative Dialektik“ gleichsam zwischen den Schreckenspolen: So „*hat Auschwitz das Misslingen der Kultur unwiderlegbar bewiesen. Dass es geschehen konnte inmitten aller Tradition der Philosophie, der Kunst und der aufklärenden Wissenschaften, sagt mehr als nur, dass diese, der Geist, es nicht vermochte, die Menschen zu ergreifen und zu verändern (...) Alle Kultur nach Auschwitz, samt der dringlichen Kritik daran, ist Müll (...) Wer für Erhaltung der radikal schuldigen und schäbigen Kultur plädiert, macht sich zum Helfershelfer, während, wer der Kultur sich verweigert, unmittelbar die Barbarei befördert, als welche die Kultur sich enthüllte.*“ Demnach ist jeglicher Sinn unmöglich geworden, und selbst der noch so „positiv“ gemeinte Gedanke ist frevlerische Tünche gegenüber dem apokalyptisch Ungeheuerlichen.

Ebendies ist dessen nicht minder schaurige Kehrseite – in Gestalt der Heidegger'schen Existenzialontologie mit ihrer

Lehre vom unergründlich tiefen Sinn des „Seins" selber. Zwischen diesen Polen absoluten Horrors und hoch- und hohltönender Sinn-Verheißung bewegt sich Adornos Dialektik, fast ein wenig nach Art eines unermüdlichen Weberschiffchens, das mit seiner permanent immanenten Kritik jeglichen Gedankens Negativität selber verkörpert. Insofern entsteht unerwartet doch das fast absurde Paradoxon eines Quasi-„Hauptwerks der Negativität". Zudem arbeitet sich Adorno nahezu nach dem Prinzip des *credo quia absurdum*, obschon keineswegs ins „Gläubige" gewandt, am Zentralthema der, zumal dialektischen, Philosophie ab: der Frage nach der Metaphysik. Von ihr kann und will er nicht lassen, obwohl er nur zu gut weiß, dass sie obsolet geworden ist. Widersprüchlich deklariert er: „*Hoffnung auch nur zu denken, frevelt an ihr und arbeitet ihr entgegen (...) In diesen Widerspruch hat heute Metaphysik sich zusammengezogen. Dem Denken, das versucht, ihn zu beseitigen, droht Unwahrheit hier und dort.*" Konsequent lautet denn auch der letzte Satz der „Negativen Dialektik" so lapidar wie kryptisch: „*Solches Denken ist solidarisch mit Metaphysik im Augenblick ihres Sturzes.*" Georg Wilhelm Friedrich Hegel sprach von der „*Furie des Verschwindens*".

Aus dem – fast ließe sich sagen – Corpus der „Negativen Dialektik" heraus hat Adorno quasi als Satyrspiel den „Jargon der Eigentlichkeit" entwickelt. In ihm attackiert er mit satirisch grimmiger Vehemenz den geschwollen hoh(l)en Feierton offiziöser Reden und Verlautbarungen, das wohlfeile Gerede vom sinnstiftenden „Seinsgrund". Vor allem richtet er sich gegen Heidegger und dessen Nachbeter, und zwar in erster Linie als bisweilen ätzende, ab und an sogar parodistisch witzige Sprachkritik, eben Jargon-Entlarvung. Vorbilder finden sich natürlich bei Karl Kraus, der freilich in seinen bitteren Formulierungsanalysen stärker auf den jeweiligen gesellschaftlichen Hinter- und Untergrund drang, darin politisch aggressiver argumentierte als Adorno, der sich mehr auf den ideologischen „Überbau“ konzentrierte.

Adornos letztes größeres Werk „Ästhetische Theorie“, in den „Gesammelten Schriften“ immerhin 533 Seiten, ist Torso geblieben. Es zeugt von der Anstrengung, ganz analog zur „Negativen Dialektik“, unendlich viele Fäden in einem schier ebenso unendlichen Prozess zusammenzubinden. Als Motto hatte er an ein Fragment Friedrich Schlegels gedacht: „*In dem, was man Philosophie der Kunst nennt, fehlt gewöhnlich eins von beiden: entweder die Philosophie oder die Kunst.*“ Dieses Dilemmas war sich Adorno sicher bewusst, der zudem meinte: „*Das Fragment ist der Eingriff des Todes ins Werk. Indem er es zerstört, nimmt er den Makel des Scheins von ihm.*“ Adornos Skepsis gegen „System“ wie „Werk“ war nur zu begründet: Die Nichtvollendung der „Ästhetischen Theorie“ hat ihn denn auch vor der, ohnehin kaum dräuenden, Gefahr bewahrt, im Gelungenen das „falsche Ganze“ erkennen zu müssen. Doch der Hang zum Zusammenhang forderte gleichwohl seinen Preis, scheint doch aus den unvorstellbar komplexen Reflexionen das Moment subjektiver Erfahrung, auch sinnlicher Konkretion gewichen zu sein. Nennt er Namen, Werke, Tendenzen, so wirken diese nicht selten eher wie Stichworte, „Namedropping“ höherer Art – als würden sie im unaufhörlichen Mahlstrom des Denkens quasi als Treibholz mitgetragen. Das, was er zeitlebens im Umgang mit ästhetischen Phänomenen gefordert hatte: das Sich-auf-sie-Einlassen, scheint geschwunden. Als hätte sich letztlich doch Schlegels Warnung bestätigt, dass sich die Philosophie mehr und mehr der Kunst bemächtigt.

Dies spricht nicht gegen die Stringenz der „Ästhetischen Theorie“ selber, lässt aber ahnen, welchen Eigenwert die Welt

Fröhlich-ernsthafte Diskussionskultur: Am 23. September 1968 saßen die SDS-Mitglieder Karl-Dietrich Wolff (rechts) und Hans-Jürgen Krahl mit Adorno und Ludwig von Friedeburg noch gemeinsam auf dem Podium.

der Gedanken gewonnen hatte – und darin auch, wie schroff der Kontrast zur nicht zuletzt politischen Praxis allmählich geworden war. Für die um 1940 und später geborenen Studierenden war der Philosoph und Soziologe eine Orientierungs-, gar Identifikationsfigur. Als unnachsichtiger Kritiker sowohl der NS-Relikte als auch des neureichen „Establishments" der Bundesrepublik (Herbert von Karajan titulierte er als „*Genius des Wirtschaftswunders*"), nicht minder mit seiner antikapitalistischen, aber auch mit seiner antiamerikanischen Einstellung war er ein Pfahl im Fleische der sich konsolidierenden Gesellschaft wie der traditionsverhafteten Ordinarien-Universität. Und Adorno, anders als sein Alter Ego Horkheimer, reagierte durchaus zustimmend auf die ihm berechtigt scheinenden Reformwünsche der „linken" Studenten. Die wiederum erwarteten gerade von dem überaus verehrten Lehrer

Engagement über die Sphäre bloßer Kritischer Theorie hinaus. 1968/69 verlangten sie Praxis, nicht Reflexion, revolutionäre Teilhabe statt pessimistischer Kontemplation über die Verwerflichkeit des Weltenlaufs. Doch der Gesellschaftsanalytiker mochte die Wünsche von SDS (Sozialistischer Deutscher Studentenbund) und APO (Außerparlamentarische Opposition) nach unmittelbarer kollektiver Aktion nicht billigen, fand diesen, bei aller grundsätzlichen Sympathie, Momente von „Wahn" beigemischt. Er jedenfalls fühlte sich mitnichten zum Volkstribun, Rädelsführer und Barrikadenkämpfer berufen – was wohl auch niemand ernsthaft von ihm verlangt hatte. Doch der politische Konflikt eskalierte, und als einige

Tragische Kehre: Die letzten Jahre widmete Adorno „Negativer Dialektik" und „Ästhetischer Theorie", während die 68er-Studenten den Sturz des „Establishments" anstrebten. Auf die Besetzung des Instituts für Sozialforschung im Januar 1969 reagierte dessen Leitung mit dem Ruf nach der Polizei; ob wirklich auf Wunsch Adornos, ist strittig.

radikale Studenten sich anschickten, das Institut für Sozialforschung zu besetzen – was damals so selten nicht war –, wurde sogar die Polizei geholt. Ob dies tatsächlich auf Initiative Adornos geschah, bleibt umstritten. Doch sein Berliner „Iphigenie"-Vortrag wurde gestört – und vor allem eine Frankfurter Begebenheit erlangte skurrilen Ruhm, nicht zuletzt durch Robert Gernhardts Moritat:

„Das Attentat oder Ein Streich von Pat und Doris
oder Eine Wilhelm-Busch-Paraphrase

Ach, was muss man oft von bösen
Mädchen hören oder lesen!
So zum Beispiel hier von diesen,
Welche Pat und Doris hießen (…)
Nun war dieser große Lehrer
Von den Damen ein Verehrer,
was man ohne alle Frage,
Nach des Denkens Müh' und Plage
Einem guten, alten Mann
Auch von Herzen gönnen kann (…)
Rums! Da ziehn die beiden los,
Und vier Brüste schrecklich groß (…)
Allen Geist in Frage stellend,
Recken sich dem Prof. entgegen.
Welcher stumm erst, dann verlegen,
Dann erschreckt das Weite sucht (…)
Mit der Zeit wird alles heil,
Nur der Teddie hat sein Teil."

Dass der Philosoph kein asketischer Eremit war, ein nicht geringes Faible für Frauen hatte, war weitgehend bekannt;

nicht minder aber auch, dass er unmittelbaren Konfrontationen, sei es mit aufrührerischen Studenten, sei es mit provozierender Barbusigkeit, kaum gewachsen war, sich zurückzog oder floh. Adornos offenkundige Hilflosigkeit passte zu seinen oft altmodisch zeremoniellen Umgangsformen gerade jüngeren Damen gegenüber, die selbst Klischees nicht ausschlossen: „*Sie haben so schöne Hände, Sie hätten Pianistin werden sollen!*", hörte ich tatsächlich von ihm. Dass die beiden kecken Studentinnen den alten Herrn in Bedrängnis brachten, war jedoch weniger gravierend als Gernhardts reimendes Auskosten der Situation.

Dass der frühe Tod am 6. August 1969 in der von ihm immer inniger geliebten Walliser Matterhorn-Region mit zunehmenden Konflikten, Enttäuschungen, Frustrationen und vermehrter Arbeitsbelastung zu tun hatte, liegt nahe. Den oppositionellen Achtundsechzigern die Schuld zuschreiben zu wollen, klingt freilich zu sehr nach gleich doppelter Rache: sowohl am kritischen Theoretiker, der die Polit-Praxis-Geister, die er angeblich gerufen hatte, nicht mehr los wurde, als auch an den veränderungsbereiten Aktionisten.

XXI. Adorno, kritisch I – Beziehungsnetze: Obsessionen, Freundschaften, Feindschaften, Hasslieben

Theodor Wiesengrund Adorno (1903–1969) durchlebte viele Phasen und Sphären: Kaiserreich, Weimarer Republik, frühe NS-Zeit, Exil in England und den Vereinigten Staaten, den hochentfalteten Kapitalismus als Gegenwelt auch zum totalitären Stalinismus, dann die Rückkehr ins Frankfurt der Nachkriegszeit und des Wirtschaftswunders (als vielbestauntes Haupt der Frankfurter Schule), den Widerstand gegen die Notstandsgesetze, die Konflikte mit den linken Studenten, das Oszillieren zwischen ultrapessimistischer Theorie (Auschwitz als Apokalypse-Topos schlechthin) und akademischem Glanz, zwischen Philosophie, Soziologie, Ästhetik und Praxis der Musik – eine exemplarische Existenz des 20. Jahrhunderts. Und die auch narzisstisch beharrliche Konzentration aufs eigene Lebenswerk gehört dazu. Solitär mag er gewesen sein, nicht indes ein Solipsist; er war niemand, der nur das eigene Ich und seine eigenen Bewusstseinsinhalte als einzig Wirkliches gelten lässt. Denn über viele Jahrzehnte hatte er oft engen Kontakt mit außerordentlich bedeutenden Männern unterschiedlicher Herkunft und Ausrichtung. Und so spannungsreich und widersprüchlich das Jahrhundert war, so bewegt erschien auch das Netz seiner Beziehungen zu den wichtigen Zeitgenossen. Der Fächer ist so weit wie heterogen, die Fülle der Literatur unübersehbar, so dass es unsinnig wäre, in diesem Rahmen die Beziehungen enzyklopädisch durchdeklinieren zu wollen. Zumal vieles sich gerade nicht auf Persönliches beschränkte, sondern sich in übergreifenden Konflikten manifestierte. Denn für Adorno als Hegelianer wie als antikapitalistischen Kulturkritiker gab es die Sphäre des Privaten eigentlich gar nicht, da auch das scheinbar noch so Individuelle die Stigmata des unseligen Weltenlaufs trug.

Da gab es völlig stabile Verhältnisse, zumindest nach außen frei von Irritationen, mäandernde Verläufe, krasse Brüche, regelrechte Feindschaften, aber auch höchst ambivalente, zwischen Nähe und Abwehr verfänglich flackernde Konstellationen, in die natürlich auch grundsätzliche, etwa politische Kontroversen hineinspielten.

Drei emotionale Konstanten gab es, so die Freundschaft mit Siegfried Kracauer von der Frankfurter Jugendzeit (ab 1918) bis zu dessen Tod 1966 in New York. Manche Briefe lassen auf eine leicht homophil einseitige Zuneigung des Älteren zu dem, nicht zuletzt musikalischen, Wunderknaben erkennen, der Kracauers Reserve gegenüber der Dialektik, seine eher empirische Soziologie, sein Buch über Offenbach und seine Filmtheorie kritisierte und dabei rücksichtslos Verletzungen bei dem einstigen Mentor Kracauer in Kauf nahm. Dennoch war es eine innige Beziehung. Das Duo Adorno/Horkheimer war anders geprägt, insbesondere durch die gemeinsamen Arbeiten an der „Dialektik der Aufklärung" sowie zur Begründung einer Kritischen Theorie. Differenzen gab es zwar, doch blieben sie eher unterschwellig. Ausgesprochen überschwänglich identifikatorisch war das Verhältnis zu seinem Wiener Kompositionslehrer Alban Berg, den er nicht nur als Komponisten, sondern auch als Repräsentanten einer ganz anderen, ihm schier utopischen Kultur bewunderte, ja adorierte. Durch Bergs frühen Tod 1935, auch Adornos Emigration währte der Kontakt gerade zehn Jahre.

Die Zusammenarbeit mit Thomas Mann am „Doktor Faustus" war wechselseitig produktiv, doch in der Familie des Nobelpreisträgers fand der Theoretiker wenig Anklang. So zitterten die

Spannungen 1963 in einer wohl bis heute nicht ganz geklärten Affäre nach. Es ging um eine Frankfurter Professur für Golo Mann, Thomas Manns Sohn. Adorno und Horkheimer opponierten, stießen sich an einer als latent antisemitisch empfundenen Äußerung wie an der Nähe zur CDU, ja zu Franz Josef Strauß. Zudem wurde zumindest kolportiert, auch Golo Manns Homosexualität habe ihr Missfallen erregt. Der Historiker nannte die jüdischen Emigranten kurzerhand „Lumpen". Völlig geklärt ist der Sachverhalt nicht; aber dass Adorno und Horkheimer auch gezielter Machtpolitik fähig waren, zeichnete sich ab.

Um institutionalisierte Macht ging es bei einem Konflikt ganz anderer Art. Im Ohr ist noch der Tonfall Adornos, als er in einem kritischen Zusammenhang anmerkte: Einen bestimmten Missstand *„hätte Brecht, als er sich noch zu sagen traute, was er dachte, Murxismus genannt."* Da klangen alte Spannungen und Verletzungen an, die in die zwanziger Jahre zurückreichten, im kalifornischen Exil weiterwirkten: Und mit Brechts, obschon schillernder, Rolle als „Staatsdichter" der DDR wurde der Dissens erst recht deutlich. Er reichte letztlich zurück bis zur Gründung des Frankfurter Instituts für Sozialforschung, die mit Mitteln des Getreidegroßhändlers Hermann Weil und auf Initiative von dessen sozialistisch orientiertem Sohn Felix ermöglicht wurde. Entsprechend unterstellte Brecht dem Soziologen, „marxistische" Theorien zu entwickeln, ohne sich um deren realgesellschaftliche Konsequenzen zu kümmern. Während umgekehrt der Theoretiker Adorno Brecht vorhielt, unzureichende Marx-Lektüre betrieben zu haben. Die obligaten Animositäten beider Parteigänger haben sich bis in die Gegenwart erhalten. Brechts Misstrauen gegen die „Frankfuturisten" steigerte sich in Kalifornien zur „Tui"-Thematik: Das Institut für Sozialforschung sei quasi in eine ähnliche Lage geraten wie der Dorfrichter Adam in

Kleists „Zerbrochenem Krug". So wie dieser eine von ihm selbst begangene Untat aufklären sollte, ohne den wahren Täter zu enttarnen, so fiktiv sei auch die Arbeit des Instituts gewesen: Der Weizen-Spekulant Weil habe seine Stiftung beauftragt, die Gründe für den Nahrungsmangel zu eruieren, den gerade er profitabel erzeugte.

Brecht und Eisler fanden die Schizophrenie der Frankfurter Sozialtheoretiker im kalifornischen Exil noch potenziert: Deren abstrakte Kritik am Monopolkapitalismus habe auf dessen Unveränderbarkeit insistiert – und ihn genau dadurch bekräftigt. Brechts Aversion gegen die Kritische Theorie, und besonders gegen deren brillantesten Exponenten Adorno, war

Werte Feinde: Bert Brecht und Hanns Eisler – 1937 im dänischen Exil. Beiden fühlte Adorno sich verbunden, auch wenn er politisch Abstand hielt. Das „Turandot"/„Tui"-Projekt, gegen die intellektuellen „Frankfuturisten" gerichtet, begleicht alte Rechnungen. Weder kam Adorno gut weg, noch war Brechts Häme auf die „Kritische Theorie" ein Ruhmesblatt.

zwar vom Scharfsinn der Rankünе beflügelt, trieb aber in die pure Denunziation. Adornos Eitelkeit und Lust an der mitunter preziösen Formulierung reizte ihn zur satirischen Groteske – einmal im „Tui"-Roman, einmal im späten Theaterstück „Turandot oder Der Kongress der Weißwäscher". Beide Werke enthalten eine giftige Polemik gegen linke Intellektuelle, die „Tuis", abgeleitet von „Tellekt-Uell-In", die dem chinesischen Kaiser bei der Rechtfertigung korrupter Baumwollpreis-Manipulation scharfsinnig zu Diensten sind: „Kopflanger" der Herrschaft. Zu ihnen gehören Schilder wie „*Hier werden Meinungen gewendet. Danach wie neu*" oder Sätze wie „*Ich habe gestern einem Darmhändler eine Meinung über tonale Musik verkauft.*" *Oder:* „*Und dies hier ist neue Musik. Die wird verfolgt, weil sie nicht volkstümlich ist.*" In zahlreichen Anspielungen lässt sich Adorno erkennen. Dass dieser entsetzt auf manche Anbiederungen ans „gesunde Volksempfinden" reagierte, ist verständlich, zumal Brechts generelles Ressentiment gegen die Moderne, auch die Fäkal-Definitionen über die Tätigkeit der Intellektuellen, außerdem die frivolen Vergleiche mit der Dreyfus-Affäre, ausgesprochen niederträchtig sind. Die „Frankfuturisten" mit ihren Zweifeln am „Klassenkampf", ihrem Beharren auf Analyse und Theorie statt gesellschaftlichem Eingreifen mögen allzu sehr der Autonomie des Geistes vertraut haben; doch propagandistische Helfershelfer des Totalitarismus Hitler'scher wie Stalin'scher Prägung waren sie nicht. Brecht macht da keine gute Figur, war spürbar aufs Begleichen alter Rechnungen aus – was Adornos schier solipsistische Praxis-Abstinenz nicht weniger heikel macht. Dennoch: „Les extrêmes se touchent." Gleich nach ihrer Rückkehr nach Frankfurt oder Ostberlin hatten beide analoge Ziele: Brecht, „ein Theater in die Klauen zu bekommen", Adorno, ein Institut der Deutungshoheit zu erhalten.

XXII. Adorno kritisch II – Feindbilder und Obsessionen im Kampf gegen Verdinglichung und Entmündigung

Adorno stand ambivalent sowohl zu Brecht wie Eisler, mit dem ihn die Liebe und Treue zur Schönberg-Schule verband. Und spürte er in Brecht sofort die eminente dichterische Potenz, den scharfen analytischen Blick auf die gesellschaftlichen Verhältnisse, so sah er bald sehr viel kritischer Brechts politische Parteinahme und deren ästhetische Auswirkungen, die Tendenzen zu mitunter holzschnittartigen Parabeln, den Tonfall abgeklärt weiser Schlichtheit. Im Essay „Engagement" („Noten zur Literatur III") hat Adorno seine Vorstellung von der Unvereinbarkeit von ästhetischer Autonomie und politisch „angewandter" Kunst rigoros formuliert. Persönlich, politisch und künstlerisch rieben sich Brecht und Adorno aneinander – und die bösartige „Tui"-Karikatur hat die Unversöhnlichkeit gefördert. Doch die elementare Wertschätzung der Frühphase blieb.

Anders war dies im Falle Paul Hindemiths. Gemeinsam hatten sie bei Bernhard Sekles Komposition studiert, fühlten sich einig im Widerstand gegen bloße Tradition, doch die Gegensätze wurden bald schärfer. Kam Theodor Wiesengrund aus wohlhabend kunstsinnigem Bildungsbürgertum, mit jüdisch-italienischen Wurzeln, so Hindemith aus einfachen Handwerker-Verhältnissen, mit „Fleiß" und „Machen" als oberen Werten. Die Attitüde des wild „musikantischen" Bürgerschrecks und Dada-Provokateurs gehörte als Korrektiv dazu – und störte den Musikphilosophen, der hinter der Betriebsamkeit des hemmungslos Drauflosspielenden den latenten Konservativismus witterte.

Zum Verhältnis Adorno/Hindemith gibt es zwei verblüffend gegensätzliche Dokumente. Am 16. November 1964 wurde im Hessischen Rundfunk ein Gespräch mit dem Berliner Musikologen Rudolf Stephan gesendet, damals noch ein „schwarzes Schaf“ der deutschen Musikwissenschaft, die ihn allein wegen seiner Nähe zur Moderne, aber auch zu Adorno auszugrenzen trachtete. Die Diskussion im Funk folgte einer Steigerungsdramaturgie, bei der einer den anderen mit Kritik an Hindemith zu übertrumpfen suchte, so dass es selbst dem Hindemith-Skeptiker des Polemischen zu viel schien. 1979, beim Grazer Symposion „Adorno und die Musik“, hielt Stephan einen Vortrag, in dem er mit keinem Wort auf den dezidiert Hindemith-unfreundlichen Dialog einging, stattdessen sich auf die Zeit bis 1932 beschränkte, eher wohlwollend die jeweiligen Positionen referierte. Dass Hindemith 1950 die damaligen Formen der „neuen“ Musik kurzerhand als „sterbende Gewässer“ verunglimpfte, hat die Zuneigung des Philosophen zu dem Komponisten nicht eben gesteigert.

In der Essaysammlung „Impromptus“ hat Adorno („Ad vocem Hindemith“) seine Einstellung zu Hindemith dokumentiert. Dabei stellt sich heraus, dass Adorno in seiner Hindemith-Kritik großteils keineswegs so immanent kompositionstechnisch argumentiert wie erwartet, sondern letztlich eher sozialpsychologisch, ja fast im Sinne einer Ableitung aus kleinbürgerlicher Sozialisation: Das ödipale Aufmucken gegen die Vater-Autorität (so das Versehen einer Beethoven-Maske mit einem Schnurrbart) ließe gerade schon den aggressiven späteren Traditionalismus ahnen. Adornos Hindemith-Attacken sind nicht hinfällig geworden, erweisen sich aber nachträglich als nicht wenig ressentimentgespeist – wie er es ähnlich Hindemith vorgeworfen hatte. Vielleicht trafen da der „Harmonie der Welt"-Verklärer und der „Negativität"-Beschwörer auch wechselseitig dogmatisch starr aufeinander. Adornos „Feindbilder" freilich entsprangen keineswegs nur persönlichen Differenzen – und selbst diese waren objektiv nicht grundlos.

Was „der Mensch", gar „das Wahre, Schöne, Gute" sei, darüber hat er sich wohlweislich ausgeschwiegen, wohl aber, Karl Kraus folgend, darauf beharrt: Das „Falsche", „Schlechte" ließe sich sehr wohl bestimmen und kritisch attackieren. Dafür hatte er zwei, durchaus auch traumatische Kriterien in der „Dialektik der Aufklärung" entfaltet: Wo in der Welt der angeblichen Gleichheit alles, also auch die Menschen, dem Gesetz der Tauschgesellschaft unterworfen sind, auf „Produzenten" oder „Konsumenten" reduziert werden, letztlich zu manipulierbaren sozialen „Dingen", da bestimmt „Verdinglichung" ihr Leben und Verhalten bis in die scheinbar privaten Verhältnisse hinein. Selbst Gefühle oder auch Kunst folgen den Normen von Industrie, Werbung und Verwaltung. Doch die anonymen Agenten des Systems installieren Täuschungsmechanismen, suggerieren den machtlosen Individuen, sie könnten dem „Verblendungszusammenhang" entrinnen: spontan sein, unbekümmert vor sich hin musizieren, zumindest partiell unabhängig agieren – ohne zu ahnen, dass sie eben damit nur der Anpassung zum Opfer fallen. Alle Freiheit ist trügerisch.

Der andere Sirenengesang ertönt in zwiefacher Gestalt: als Wonne des Kollektivs, etwa der Partei und ihrer Apparate – oder als raunendes Beteuern, es gebe noch einen höheren, überindividuell zeitlosen Ordo. In allen drei Strängen erblickte Adorno nur eine Strategie: Entmündigung des Subjekts. Darauf hinzuweisen, davor zu warnen, dass die Angebote der immer allmächtigeren Warenwelt wie die der, sei es sozialistischen, sei es seinsphilosophischen, Heilsversprechungen darauf zielten, die Menschen gefügig zu machen, war keineswegs nur „negativer“ Impuls der Kritischen Theorie.

Spiegelte der Konflikt mit Brecht dessen Zerrissenheit zwischen kreativer Anarchie und Parteilichkeit, so zeugte auch die Auseinandersetzung mit dem Philosophen und Literatur-Ästhetiker Georg Lukács von einer tiefen Spaltung. Denn dessen Frühwerke „Die Seele und die Formen“, „Theorie des Romans“ und „Geschichte und Klassenbewusstsein“ hatten den jungen Theodor Wiesengrund immerhin beeindruckt. Doch schon 1937 waren Bloch und Eisler auf Distanz zu Lukács gegangen, der sich stalinistischen Tiraden wider den „Expressionismus“ und die gesamte nicht traditionell „realistische“ Literatur nicht nur nicht verschloss, sondern zunehmend dogmatisch reaktionäre Positionen verfocht, die Moderne, gar die Avantgarde der „Dekadenz“, ja „Perversion“ bezichtigte.

In „Erpresste Versöhnung“ („Noten zur Literatur II“) hat sich Adorno 1958 scharf gegen Lukács gewandt, ihm Verrat an den eigenen Ideen und Idealen vorgeworfen: „*Am krassesten wohl manifestierte sich in dem Buch ‚Die Zerstörung der Vernunft‘ die von Lukács' eigener.*“ Wenn Lukács 1955 dekretierte: „*So können wir den Begriff des sozial Gesunden finden, eben und zugleich als Grundlage aller wirklich großen Kunst, weil dieses Gesunde zum Bestandteil des historischen Bewusstsein der Menschheit wird*“, so war Adornos Reaktion blankes Entsetzen. 1958 hatte Lukács in „Wider den missverstandenen Realismus“ zwar vorsichtig Revisionen versucht, doch Adorno blieb unerbittlich („*Das Buch bietet Halbgefrorenes zwischen dem sogenannten Tauwetter und erneuter Kälte.*“) und bezichtigte ihn der Allianz von stalinistischer Orthodoxie und Oberlehrer-Spießigkeit.

Lukács hat sich mit der sarkastischen Formel vom „Grand Hotel Abgrund" revanchiert. In Adornos Polemik schwingen gleichwohl Enttäuschungen und Verletzungen nach, war doch die Verknüpfung von Marxismus und literarischer Ästhetik ein gemeinsamer Ausgangspunkt. Von Gleichgültigkeit jedenfalls zeugen beider Abrechnungen gewiss nicht.

Gespalten. War Adorno von Georg Lukács' Frühwerk beeindruckt, so attackierte er später ätzend die reaktionären Tiraden gegen moderne Literatur. Lukács revanchierte sich mit der giftigen Formel „Grand Hotel Abgrund". 1970 erhielt Lukács den Frankfurter Goethe-Preis. Ob Adorno über die späte Ehrung des Rivalen glücklich gewesen wäre?

Anders verhält es sich mit Martin Heidegger. Seit dessen „Sein und Zeit" (1927) war die radikale Gegenposition unzweifelhaft – und Heideggers berüchtigte Freiburger Rektoratsrede 1934, in der er sich den Nazis andiente, die „Gleichschaltung" der Universitäten billigte, hat Adornos Abneigung gegen Denker wie Denken verstärkt. Im „Jargon der Eigentlichkeit" hat er mit bisweilen satirischem Elan die Seinsphilosophie und deren trübe Feierreden-Nachbeter attackiert. Kritische Theorie und Existenzialontologie wurden zu philosophischen Polen des 20. Jahrhunderts – mit der Folge der Bildung auch orthodoxer Schulen, aus deren jeweiliger Sicht die Oberflächenverhältnisse einfach und klar waren, was der vielschichtigen Realität keineswegs entsprach. Dass in Günter Figals Heidegger-Buch weder im Personenindex noch im Literaturverzeichnis Adornos Name überhaupt vorkommt, belegt die Blockbildung. Auch wenn dem Autor Adorno weit näher steht als Heidegger, ist ihm, Adornos Dialektik sei Dank, starres Polaritätsdenken suspekt: Selten sind Gegensätze so absolut, wie Parteigänger es behaupten. Damit sollen elementare Differenzen nicht kaschiert werden; aber Analogien immerhin wäre nachzugehen.

Adornos Satz „*Bei vielen Menschen ist es bereits eine Unverschämtheit, wenn sie Ich sagen*" („Minima Moralia") ist nicht sternenweit von Heideggers Beschreibungen des „Man" entfernt. Zu erwägen wäre auch, ob Heideggers „Seinsvergessenheit" und Adornos „Verblendungszusammenhang" nicht auf Ähnliches verweisen. Thilo Wesches Heidegger-Kapitel im Adorno-Handbuch zeigt auf, dass Adornos Auseinandersetzung mit Heidegger auf durchaus verschiedenen Ebenen verläuft.

XXIII. Adorno kritisch III – Der Weltgeist spricht deutsch, das Ende der Kunst ist nahe, alle Hoffnung dahin

Adorno ernsthaft zu kritisieren, fällt schwer. Erstens sind die Zusammenhänge seines Werkes selbst für halbwegs Geschulte kaum ganz zu durchschauen, und nicht eben wenige Texte bleiben überaus schwierig. Zudem wäre der Philosoph nicht Dialektiker, gäbe es nicht zu vielen Sätzen Gegenformulierungen: Auf feste, gar widerspruchsfreie „Positionen" ist er nicht zu vereidigen. Und unter der Voraussetzung, dass Kritik nicht allzu sehr unterhalb des Niveaus des Kritisierten bleiben sollte, verliert mancher Einwand an selbstsicherem Elan. So bleibt einem der Kursversuch zwischen der Scylla unangemessener Kritik und der Charybdis ebenso unangebrachter Hagiographie nicht erspart.

In dem Berliner Rundfunk-Vortrag „Ohne Leitbild" formulierte Adorno 1960 zwar in erster Linie seine Warnung vor trügerischen Rezepten, Autoritäten und Instanzen im ästhetischen Bereich; doch die Absage an „Leitbilder" entsprach generell seiner Abneigung gegen angeblich sinnstiftende Vorgaben, an die man sich zu halten habe. Nimmt man Adorno ernst, dann wäre es wohl in seinem Sinn, selbst an seiner Leitbild-Funktion zu zweifeln: In der Rolle des Kirchenvaters sollte man ihn nicht sehen. Auch wenn er seine Nachbeter hatte. Nun ist das, was sich gegen ihn einwenden lässt, von übergreifenden Schwierigkeiten und Widersprüchen nicht loszulösen. So ist über die gewiss nicht unerhebliche Frage nach dem „Jüdischen" bei ihm der nach dem „Deutschen" zu wenig nachgegangen worden. Wobei manche Aspekte erst im Nachhinein deutlicher werden. Doch insgeheim schien ihm sicher: Der Weltgeist spricht deutsch. Für die Philosophie (Kant, Hegel, Schopenhauer, Nietzsche, Marx, auch Freud) galt das allemal; und seine Frustrationen in der ohnehin ungeliebten angelsächsischen Welt hatten elementar damit zu tun, dass diese Tradition dort bei weitem nicht so selbstverständlich war wie für ihn. Er fühlte sich dort quasi im intellektuellen „Feindesland". Nicht minder dominant war für ihn die „große" deutsch-österreichische Musik zwischen Bach und Schönberg. Abgesehen natürlich von der für ihn entscheidenden Moderne entsprach sein „Kanon" weitgehend dem des konservativen Dirigenten Furtwängler, den er nicht zufällig überaus verehrte. Dem „Pantheon" misstraute er zwar mit gutem Grund, doch an der alleinigen Größe der zentralen Komponisten und ihrer wesentlichen Werke zweifelte er nicht im Mindesten. Gewiss, Claude Debussy und Ravel bewunderte er, auch Mussorgski – und nicht zuletzt, gerne übersehen, Leoš Janáček.

Ansonsten finden sich bisweilen fast chauvinistische Töne, zumal gegenüber Interpreten. So über Arturo Toscanini („Die Meisterschaft des Maestro"): Felix Mendelssohns „Sommernachtstraum"-Musik klinge, „*als hätten die italienischen Geißen den deutschen Wald kahlgefressen.*" Bei jedem anderen Autor wäre man zu Recht empört. Ein Musiker, der in vielem Adorno außerordentlich nahe war, zumal als überragende Autorität für die Interpretation der Schönberg-Schule, aber auch Beethovens – der Geiger Walter Levin, Gründer und Leiter des legendären LaSalle-Quartetts –, äußerte sich denn auch kritisch über Adornos Invektiven: Er habe auf Toscanini einzig mit der Arroganz des konservativen deutschen Bildungsbürgers reagiert, in ihm ausschließlich sowohl den „naiven italienischen Musikanten" als auch den „typisch amerikanischen" Streamline-Glamour-Star gesehen. Beides sei Toscanini wahrlich nicht gewesen, den er vorurteilsvoll ahnungslos weit unterschätzt habe. Zudem sei der Dirigent ein konsequenter Antifaschist gewesen. Während der von Adorno überaus bewunderte Furtwängler die musikalische Galionsfigur des NS-Staats gewesen sei; überdies habe er gerade als Beethoven-Interpret die Unarten verkörpert, die der Kritiker bekämpft habe. Und Furtwänglers Zug ins „Große", Erhabene, seine quasi demiurgische Tempo-Willkür hätten keineswegs zufällig ins offizielle Konzept gepasst. Das war sicher auch polemisch gemeint.

Aber dass Adorno an der traditionellen deutschen Kultur-Sphäre samt ihrem Hegemonie-Anspruch stärker als meist vermutet hing, schimmert immer wieder durch – auch wenn seine Aversion gegen alle Formen kulturkonservativen Establishments eindeutig dominant bleibt. Gleichwohl attackiert er in den „Musikalischen Warenanalysen" dezidiert, keineswegs immer gerecht, Tschaikowski, Dvořák und Rachmaninow; dass fürs deutsche Bildungsbürgertum „Kleine Nachtmusik", „Schicksalssinfonie" und „Unvollendete" ähnlichen „Fetischcharakter" hatten, ignoriert er. Und so schön und erhellend die Rundfunksendung über „Schöne Stellen" ist: Nur eines von zwanzig Beispielen ist nicht deutsch-österreichischer Provenienz, die Forlane aus Ravels „Tombeau de Couperin".

Berühmt-berüchtigt wurde sein Verdikt über den Sinfoniker Jean Sibelius, das zumindest von geringer Bereitschaft zeugt, andere kompositorische Konzepte als die der deutschen Tradition von Bach bis Schönberg als gültig zu akzeptieren. Doch der kurze Text von 1938 firmiert als „Glosse", erweist sich als eher spontaner Unmutsausbruch, folgt also nicht dem

Prinzip von Detailnachweis und bündiger Argumentation. Diese Glosse ist gewiss kein „Hauptwerk". Dennoch fühlten sich die Bewunderer von Jean Sibelius durch die harsche Abfertigung des Komponisten verständlicherweise gekränkt. Zu Recht verweisen sie auf dessen spezifische Qualitäten. Gleichwohl fällt auf, dass die Sibelius-Anhänger bisweilen mehr gegen Adorno aufbegehren als auf realen kompositorischen Vorzügen beharren.

Diese einseitige Vorliebe indes ist nicht nur subjektiv begründet, sondern resultiert auch aus Adornos Fixierung auf Hegels dialektisches Prozessdenken. Nachträglich hat sein häufiges Insistieren darauf auch etwas leicht Beschwörendes: Als sei er sich letztlich doch nicht ganz sicher, ob dies wirklich die einzige Interpretationsmöglichkeit sei. Doch die hegelianische Vorstellung vom Fortschreiten des objektiven Geistes legt eine, obschon verschlungene, Linearität des Weltenlaufs wie der kompositorischen Entwicklung nahe, in der es primär um die technische Arbeit am jeweils aktuellen Materialstand geht. Damit wird Komponieren gleichsam entsubjektiviert, der Musik Schreibende quasi zum Instrument des Weltgeists.

Von Anfang an blieb Beethoven für Adorno die zentrale Figur der Musikgeschichte, die sich auf ihn hin- und von ihm aus weiterentwickelte. Und stets sah er ihn als Pendant zu Hegel: Über vierzig Jahre hat er sich am Problem der Vermittlung Hegel'scher Dialektik durch Beethovens Dynamik abgearbeitet; die Fragmentsammlung „Beethoven. Philosophie der Musik" zeugt davon. Und immer wieder klingt an, dass alles subjektiv Intentionale, etwa Beethovens jakobinerhaftes Freiheitspathos, gegenüber dem einzig für sich selbst stehenden, wie auch immer schmerzlich brüchigen „Werk" keine Rolle zu spielen habe. „Linke" Beethoven-Exegeten haben sich nicht grundlos an solch genereller Entpolitisierung gestoßen.

Keineswegs unheikel ist denn auch Adornos implizite Vorstellung eines quasi immanent ästhetischen Darwinismus nach Art eines permanenten Verdrängungskampfes, bei dem das jeweils technisch „Fortgeschrittenere“ das weniger radikal Avancierte hinter sich lässt. Am reinsten manifestiere sich das unaufhaltsame Walten des Weltgeistes in der immer stringenteren Entwicklung wahrhaft authentischer, autonomer Kunst. Die Zwangsläufigkeit des Hegel'schen Prozessdenkens käme da zu sich selbst. Trotzdem erweist sich Adornos Fortschrittsbegriff auch hier als zutiefst ambivalent. Denn gerade als eminenter Kenner auch der Musik des 18. und 19. Jahrhunderts war ihm durchaus bewusst, dass Geschichte mitunter mäandernd verläuft, durchaus heterogene Entwicklungen sich parallel ereignen. Dass etwa Beethoven und Schubert zeitgleich völlig divergente formale Strategien entwickeln, die sich als hypotaktisch dynamisch zergliedernd oder parataktisch episch reihend interpretieren lassen, ohne dass das eine oder andere als progressiv oder regressiv zu gelten hätte, ist eine Erkenntnis, die ohne Überlegungen ausgerechnet Adornos kaum möglich wäre. Gerade dem Glauben an die schier phalanxhafte Durchsetzungskraft des „Richtigen“ misstraute er entschieden, sah er in ihm doch schon die Unterwürfigkeit gegenüber den „stärkeren Bataillonen“.

Aber seine hegelianische Überzeugtheit von der Unaufhaltsamkeit des dialektischen Prozesses, der eben auch die Sphäre des künstlerischen Materials durchdringe und bestimme, führte, ja verführte ihn mitunter zum Beharren auf der linearen Konsequenz des Geistigen: Risse, Abbrüche, Sprünge, Unvereinbarkeiten, rivalisierende Avantgarde-Experimente hatten in seinem Denken kaum Platz – bis hin zu nicht geringer Intoleranz in ästhetischen Fragen. Verunsicherungen, Selbstzweifel, Theorie-Praxis-Verwerfungen, überraschende Erfahrungen im Unbekannten, etwa auch Trivialen, waren seine Sache nicht. Bei aller deklarierten Antisystematik blieb zielstrebige perspektivische Homogenität doch sein Ideal – und ein sehr „deutsches" dazu.

Fragwürdig bleibt die Vorstellung eines ästhetischen Darwinismus, einer Art des künstlerischen Verdrängungskampfes, bei dem das jeweils „Fortgeschrittenere" das weniger Avancierte hinter sich lässt. Denn Adornos Fortschrittsbegriff ist durchaus ambivalent. „Deutsch" ist bei ihm nicht zuletzt das Primat von Sprache und Schrift samt der Skepsis gegenüber dem Bildlichen. Reflexhaft hat man bei ihm denn auch „jüdisches Bilderverbot" assoziiert – und darüber verdrängt, dass der „Deutsche Idealismus", und mit ihm die deutsche Geistesgeschichte, ein in hohem Masse protestantisches Phänomen war: Das „Wort", die „Schrift", darauf kam es an; die Welt des Sichtbaren schien eher fragwürdig. Hegel ging sogar so weit, die von Adorno gerade besonders geliebten Schweizer Berge in ihrer Statik abzulehnen: „*Der Anblick dieser ewig toten Massen gab mir nichts als die einförmige und in die Länge langweilige Vorstellung: es ist so.*" Während Texte wie Musik sich als Ungegenständliche frei entfalten können.

Adorno war kein „Augenmensch", was nicht ausschließt, dass er scharfsinnige Beobachtungen machte: Dass auf den Bildern der Impressionisten („Im Jeu de Paume gekritzelt") Technikmotive (Brücken, Lokomotivenrauch) auftauchen, im Gegensatz zu den Bildern deutscher Landschaftsmaler, diagnostiziert er als Symptom fortgeschrittener Industrialisierung. Ansonsten hält er es eher mit den Etablierten. Fordert er strikte Gegenstandslosigkeit, so nennt er Picasso und Klee, obwohl beide kaum wirklich abstrakt gemalt haben. Auf die schier zwillingshaften Parallelen zwischen Picasso und dem misstrauisch beäugten Strawinsky geht er nicht ein, und auch das Marktphänomen Picasso ignoriert er. Während er im Film stets auf den fast allein bestimmenden kommerziellen Aspekt hinweist. Und wenn er in Amerika höchst abfällig von den „Skribenten“ spricht, die sich anheischig machen, im Kino auch „Kunst“ zu entdecken, dann ging dies auch gegen seinen Freund Kracauer. Dabei hatte Adorno in Hollywood Kontakt mit Fritz Lang, in Frankfurt sogar engen mit Alexander Kluge. Dass ausgerechnet der französische Filmregisseur Jean-Luc Godard den Frankfurter Adorno-Preis erhielt, ließe sich denn auch fast als eine Art postumer Wiedergutmachung deuten. Und immerhin sah er im Fernsehfilm „Antithèse“ des Komponisten Mauricio Kagel ein eindringliches Beispiel medialer Übergänge. In diesem Zusammenhang ist unbedingt auf den Vortrag „Die Kunst und die Künste“ (1966) hinzuweisen, in dem er nachdrücklich auf die „Verfransung“ der Gattungen als deren mögliche Rettung noch im Untergang verweist: *„Darum verzehren sich aneinander die*

Der „Traumfabrik“ Hollywood begegnete Adorno mit Abscheu. Befreundet allerdings war er mit dem emigrierten Fritz Lang, der schon 1943 auf die Ermordung des Prager NS-Gewaltigen Heydrich (hier Heinrich von Twardowski) reagierte: „Hangmen Also Die“. Eislers präzise eingesetzte Musik verstärkte die Wirkung.

Künste.“ Der Essay ist lebendiger, erfahrungsreicher als die „Ästhetische Theorie“, in der die einzelnen Beispiele Versatzstück-Charakter haben: Namen, die sich fast im Sinne des Universalien-Realismus, für Adorno sonst lange obsolet, verselbständigen.

Die Welt des Theaters, sofern sie nicht primär literarischer Text ist, war ihm ähnlich verschlossen wie die „performative“ Komponente selber. Adornos Kunstbegriff, weitaus komplexer als hier darstellbar, hatte sein Problematisches in einer – erstaunlich wenig dialektischen – Dreisträngigkeit: Entweder folgt das Kunstwerk seiner eigenen, immanent autonomen Fortschrittlichkeit bis sogar in die völlige Negativität, oder aber sie trägt den kapitalistischen „*Warencharakter als Kainszeichen auf der Stirn*“ („Filmtransparente“). Die andere Bedrohung ist die durch den totalitären Ukas des „Sozialistischen Realismus“ mit seiner verordneten allezeit fröhlichen Positivität und kollektivsatten Volkstümlichkeit. Adornos ingeniöse Marx-Paraphrase „*Das Volk ist Opium fürs Volk*“ traf dies genau. Nun muss man kein Verfechter vulgärmarxistisch klappernder Unterbau-Überbau-Dialektik sein, empfindet man Adornos Konzept als zu starr hermetisch, auch realitätsfern. Dass Adorno von 1949 bis 1969 meist nur vom „Ostbereich“ sprach, zeugte leider auch vom Kalten Krieg, vor allem aber von der Unkenntnis der Abweichungen vom Dogma, wie sie in Musik, Film und Theater durchaus zu beobachten waren. Die kreative, obschon mühselig gefährliche, Vermittlungsarbeit zwischen Autonomie, Warenzwang und Diktat lag unterhalb seiner Wahrnehmungsschwelle. Insofern war seinem Kunstideal nicht wenig Idealismus beigemischt. Grund zur Nähe zu Hans Pfitzner hatte er wahrlich nicht. Doch dessen Schopenhauer-Motto zum „Palestrina“ war so ganz fern nicht: „*(…) und neben der*

Weltgeschichte geht schuldlos, und nicht blutbefleckt die Geschichte der Philosophie, der Wissenschaft und der Künste."

Das „Deutsche" freilich entfaltete selbst bei ihm eine nicht unmakabre Dialektik. Im Gespräch mit einem jüdischen Remigranten in den achtziger Jahren erwähnte der Autor sein Unbehagen am postmodernen „Anything goes", setzte dem Adornos Beharren auf Konsequenz und immanenter Logik entgegen. Worauf der Ältere bitter bemerkte: „*Wären Hitler und seine Helfershelfer weniger konsequent gewesen und weniger der immanenten Logik der Sache selbst gefolgt, dann würde ein Teil meiner Familie noch leben.*" Ein vorher ungeahnter Schatten fiel da auf Adornos Fortschrittsglauben, mochte er noch so brüchig sein.

Sein abgrundtiefer Pessimismus schloss kuriose Verklärungen nicht aus: Wien etwa war ihm schon 1925, dann bis 1968 eine heile Welt und die des Adels ein geradezu utopisches Gegenbild zur Tauschgesellschaft. Illusionär sah er über den erstmals populistisch organisierten Antisemitismus des Bürgermeisters Lueger, den dumpfen Konservativismus, aber auch Industrialisierung, Proletariat und Austromarxismus hinweg. Adornos Liebeserklärungen an Wien lesen sich mitunter, als hätte sein großes Vorbild Karl Kraus seine ätzenden Satiren wider den auch Ungeist dieser Stadt nie geschrieben. Auf jeden Fall stimmte diese den sonst so unnachsichtigen Kritiker milder. Ebendies führte zu einem verblüffenden späten Paradigmenwechsel: Der Text „Wien, nach Ostern 1967" (Gesammelte Schriften 10.1) enthält eine geradezu anrührende Huldigung an Smetanas „Verkaufte Braut", auf die er gänzlich hingerissen reagierte, alle Vorbehalte gegen slawische Folklore hinter sich ließ.

Umso grimmiger war sein Antiamerikanismus, eklatant, ja regelrecht zwanghaft manifest in seinem 40-jährigen Kreuzzug wider den Jazz – darin noch über die pure Kapitalismus-Phobie hinaus, die sich nicht nur in der „Dialektik der Aufklärung", den „Minima Moralia" niederschlug. Wo er ablehnte, war er rigoros: Weder beim Hollywood-Film noch beim Jazz war er zu differenzieren, Veränderungen in Zeit und Raum, Stil, Perspektive und Rezeption überhaupt wahrzunehmen bereit. In mancher Hinsicht kommt einem der Dialektiker mittlerweile erstaunlich statisch vor, und in manchen Bereichen hat sich seit den späten zwanziger Jahren nicht allzu viel geändert. In der Spätphase tendieren „Negative Dialektik" und „Ästhetische Theorie" in der Gedankenbewegung in Permanenz zum Stillstand, ja zum Paradoxon der „dialektischen Monade". Hartmut Scheible ging noch weiter, glaubte sogar Züge von „Routine" ausmachen zu können. So weit muss man nicht gehen. Eher sind es auch hier Symptome des Spätstils: das Resümieren früherer Impulse und deren Überführung in immer filigraner werdende selbstreferenzielle Gedankenverkettungen.

Adornos Verzweiflung ist vom Topos „Auschwitz" nicht zu lösen, behält darin ihre Authentizität. Aber selbst diese hat ihre Dialektik im Sinne fast einer Art Hoffnung auf „No Future". Sah der „Prinzip Hoffnung"-Philosoph Ernst Bloch in der Geschichte eben auch das Prozesshafte, Unabgeschlossene einer Welt in *statu nascendi*, deren gutes Ende keineswegs sicher, aber auch nicht auszuschließen ist, so beharrte Adorno auf Trakls Gedicht-Zeile: „*Wie scheint doch alles Werdende so krank.*" Sein Fast-Horror vor politischer Praxis, kollektiver Aktion hatte mit seiner wiederum sehr deutschen Theorie-Fixierung zu tun, der grundsätzlichen Unvereinbarkeit von Gedanke und Realität. Der listenreiche Brecht hat den Gegensatz anders formuliert und kritisch wohl auch gegen

Adorno gewendet: „*Tun ist besser als Fühlen.*" Bei allem Narzissmus mag eine gewisse Ängstlichkeit Adorno nie verlassen haben; Kindheitsdisposition und Emigrations-Traumata ließen sich nicht wegblenden. Gerade weil er an der prägenden Welt der kindlichen Umwelt festhielt. Allein der Titel „Kinderjahr" für die Orchestrierung der Stücke aus Schumanns „Album für die Jugend" zeugt davon. Und nicht selten kam er auf die Authentizität kindlicher Erfahrungen zurück, erwies sich da als emphatisch vertraut mit Freuds Psychoanalyse.

In Erinnerung ist seine Äußerung, dass Kinder ihre wahren Wünsche im Sinne des „Alles oder nichts" artikulierten, entweder das ganz große Glück – oder lieber gleich gar keines. Seine Haltung zur freudianischen Schule war entsprechend gespalten: Sosehr er deren analytischen Einsichten anhing, so wenig mochte er die, zumindest in Amerika, gängige Praxis akzeptieren, psychisch Labile oder Gestörte therapeutisch „wieder auf den rechten Weg zu bringen", sie quasi aufzumöbeln, auf dass sie ihre Funktionen in der Arbeitswelt reibungs- und klaglos erfüllen können. Der Essay „Die revidierte Psychoanalyse" bezieht dabei eine radikale Position, richtet sich gegen Erich Fromm und besonders Karen Horney. Der von ihnen vertretenen therapeutischen Richtung wirft er vor, sich in den Dienst allfälliger Anpassungsstrategien zu stellen: Menschen psychisch so weit zu konditionieren, dass sie innerhalb des „Systems" nicht zum Störfall werden.

Dabei ginge es primär um Beschwichtigung, die Beteuerung, alles sei doch eigentlich in Ordnung, alles werde letztlich gut. Obwohl subjektiv doch gar nicht heil werden könne, was objektiv dem Glück der Einzelnen entgegenstünde. Auch da zielt Adorno aufs Ganze der Gesellschaft, gegen deren Macht das Individuum nun einmal ohnmächtig sei. Dies kritisch einzusehen, sei weit wichtiger als alle Seligkeits-Vorgaukelungen der Kulturindustrie, zumal des Hollywood-Films. Stattdessen gelte es, die Strenge der Freud'schen Theorie anzuerkennen, deren wahre Menschlichkeit eben darin liege, dass sie keine leichten Teillösungen anbiete, eher die Ausweglosigkeit der Konflikte verdeutliche. Ohne fundamentale gesamtgesellschaftliche Veränderung sei auch kein individuelles Glück denkbar. Auch hier also: alles oder nichts.

Doch da er den radikalen Gesellschaftsveränderern ebenso wenig über den Weg traute, er in revolutionärem Umsturz allemal schon den neuen antihumanen Ungeist ahnte, blieb letztlich alles beim Alten. Ein durchaus freudianisch geprägter Analytiker meinte denn auch: Die Kluft zwischen dem „Seelenarzt" und etwa einem Internisten sei so kategorisch rigide nicht. Oft genug könne dieser bei bestimmten Erkrankungen auf psychosomatische Motive schließen, die auch aus Frustrationen und Ängsten innerhalb der Arbeitswelt herrührten. Von einer Therapie deshalb von vornherein sich wenig zu versprechen, weil die Industriegesellschaft als solche eben so sei, wie sie ist, empfand er als zumindest voreilig. Adornos Gedanken zur Psychoanalyse waren wenig praxisfreundlich und -förderlich. Doch im Insistieren auf der Unversöhnlichkeit zwischen kollektivem Funktionieren und dem autonomen Glücksverlangen des Individuums behalten sie ihren Stachel wider willfährige Konsensbeschwörungen.

Auch deshalb ist die Frage „Was ‚bleibt' von Adorno?" nicht im Mindesten handfest zu beantworten und bleibt seiner widersprüchlichen Labyrinthik unangemessen. Für den derzeitigen ästhetischen Diskurs hat er ein wenig an Stringenz verloren: Der (trotz allem) Absolutheitsanspruch seines Kunstdenkens liefert eher abstrakte Postulate, die heute in Praxis wie Theorie wenig weiterhelfen.

Geradezu erschütternd hingegen ist die Brisanz des Kapitels „Kulturindustrie“ in „Dialektik der Aufklärung“. Wie selbst Holocaust-Motive zum Trailer für Science-Fiction- und Action-Serien taugen, alles und jedes medial einzuspeisen ist, fällt kaum mehr auf. Ein gerne von Adorno zitierter Satz aus Brecht/Weills „Mahagonny“ lautet: *„Ich will doch gar kein Mensch sein.“* Sieht man, in welchem Ausmaß immerhin Erwachsene in den Casting- oder Dschungelcamp-Fernsehsendungen ihre (Selbst-)Erniedrigungsrituale betreiben, dann erhält der „Mahagonny“-Endzeit-Spruch seine makabre Realität.

Der Harvard-Philosoph Michael J. Sandel hat unlängst erschütternde Beispiele dafür aufgelistet, was alles mittlerweile als „käuflich“ gilt – und wie die Marktwirtschaft unmerklich in die reine Marktgesellschaft übergegangen ist, in der auch Gefühle und Werte nur noch als „Sache“ über ihre ökonomische Erhältlichkeit und den Preis hierfür definiert werden. Adornos tiefer Pessismismus findet sich mittlerweile in Bereichen bestätigt, noch dazu überaus krass, von denen er vor sechzig Jahren nicht einmal etwas ahnen konnte.

Natürlich war es kein Zufall, dass der tief fatalistische Ernst Adornos nicht nur in den musikästhetischen Schriften Heinz-Klaus Metzgers, Claus-Steffen Mahnkopfs und Albrecht Wellmers komplex weiterwirkt – sondern auch sein Satyrspiel gefunden hat. Die Neue Frankfurter Schule (NFS) hat als durchaus heterogene Satiriker-Gruppe zwar auch ihre Prägung durch den Philosophen erfahren, sich aber auch lustvoll, mitunter schelmisch, von ihm abgesetzt, gelegentlich auch arg flapsig. Eckard Henscheid vollends hat sich zum bisweilen hämisch Reaktionären entwickelt. Die Bandbreite der Konflikte freilich zeugt auch hier von der „Sumpf und Chaos“-Stadt Frankfurt, mit der der Ästhetiker und auch Ästhet zwar

Zur Philosophie gehört die Selbstbespiegelung des Subjekts. Stefan Moses' Foto zeigt Adorno bei visueller Selbst-Reproduktion. Im Hintergrund steht Alexander Kluge, wahrhaft unakademischer Schüler – und vielleicht auch als „Memento" des Filmemachers, dass die Welt der bewegten Bilder eben doch nicht nur gefährlich-trügerischer Schein ist.

nichts zu tun haben wollte, zu der er aber doch gehörte. Als Leitbild muss man ihn nicht nehmen. Als Vorbild wird er noch lange weiterwirken.

Zur Bibliographie

Der Übersichtlichkeit und Einheitlichkeit halber wird aus der 20-bändigen Ausgabe von Adornos Sämtlichen Schriften bei Suhrkamp zitiert. Auf keinen Fall verschwiegen werden soll, dass diese Arbeit ohne zahllose Materialien, Anregungen und Einsichten einiger wichtiger Monographien gar nicht denkbar wäre. Da dies kein explizit „wissenschaftliches" Buch sein kann und soll, habe ich auf den sonst selbstverständlich obligaten Fußnoten-Apparat verzichtet. Ausdrücklich zu erwähnen sind auf jeden Fall die Adorno-Darstellungen von Stefan Müller-Doohm, der zudem sämtliche Frankfurter Vorlesungen und Seminare 1931–1933 und 1949–1969 auflistet, Detlev Claussen, Hartmut Scheible, Hauke Brunkhorst, Willem van Reijen – und natürlich die meiner Journalisten-Kollegen Lorenz Jäger (Frankfurter Allgemeine Zeitung), Hans-Klaus Jungheinrich und Wolfram Schütte (beide Frankfurter Rundschau). Außerdem unumgänglich Rolf Wiggershaus' Standardwerk „Die Frankfurter Schule". Hinzu kommt aktuell das unter anderem von Richard Klein, Johann Kreuzer und Stefan Müller-Doohm bei Metzler 2011 herausgegebene Adorno-Handbuch. Erwähnt werden muss zudem das Wissenschaftsmagazin „Forschung Frankfurt" (Heft 3/4, 2003) der Goethe-Universität mit seinem Adorno-Schwerpunkt.

Wertvolle Anregungen erhielt ich zusätzlich auch durch den Adorno-Sonderband von text + kritik (1977), die von Otto Kolleritsch herausgegebene Referate-Sammlung „Adorno und die Musik" des Grazer Instituts für Wertungsforschung (1979), Matteo Nannis „Auschwitz. Adorno und Nono" (2004) und Heinz Steinerts „Adorno in Wien" (1989). In den

Diskurs-Zusammenhang gehört ebenfalls der Sammelband „Kritische Theorie und Kultur“ (Suhrkamp 1989). Der in ihm enthaltene Essay des Autors „Flaschenpost auf Vermittlungskurs. Gibt es ein Weiterwirken Adornos im Musikbetrieb?“ exponierte schon einige Motive auch dieser Darstellung.

Weitere Bücher, Textzusammenstellungen, denen ich im Einzelnen manches verdanke, sind im Kontext genannt.

CDs mit Kompositionen Adornos liegen u.a. bei WERGO und cpo vor.

Literaturauswahl

Adorno, Theodor W.: Gesammelte Schriften, 20 Bände, Gesamte Werkausgabe, Suhrkamp Verlag, Frankfurt 1997.

Arnold, Heinz L. (Hrsg.): Theodor W. Adorno. text + kritik, Sonderband, München 1977.

Brunkhorst, Hauke: Theodor W. Adorno. Dialektik der Moderne, München/Zürich 1990.

Claussen, Detlev: Theodor W. Adorno. Ein letztes Genie, Frankfurt 2003.

Erd, Rainer; Hoß, Dietrich; Jacobi, Otto; Noller, Peter (Hrsg.): Kritische Theorie und Kultur, Frankfurt 1989.

Goethe-Universität Frankfurt (Hrsg.): Forschung Frankfurt. Das Wissenschaftsmagazin, Heft 3/4, 2003.

Jäger, Lorenz: Adorno. Eine politische Biographie, München 2003.

Jungheinrich, Hans-Klaus (Hrsg.): Nicht versöhnt. Musikästhetik nach Adorno, Kassel 1987.

Klein, Richard; Kreuzer, Johann; Müller-Doohm, Stefan: Adorno-Handbuch. Leben – Werk – Wirkung, Stuttgart 2011.

Koch, Gerhard R.: Flaschenpost auf Vermittlungskurs. Gibt es ein Weiterwirken Adornos im Musikbetrieb? In: Rainer Erd et al. (Hrsg.): Kritische Theorie und Kultur, Frankfurt 1989, S. 53–68.

Kolleritsch, Otto (Hrsg.): Adorno und die Musik. Studien zur Wertungsforschung Bd. 12, Graz 1979.

Müller-Doohm, Stefan: Adorno. Eine Biographie, Frankfurt 2003.

Nanni, Matteo: Auschwitz. Adorno und Nono. Philosophische und musikanalytische Untersuchungen, Freiburg 2004.
Pabst, Reinhard: Adorno. Kindheit in Amorbach. Bilder und Erinnerungen, Frankfurt 2003.
Scheible, Hartmut: Theodor W. Adorno, Reinbek bei Hamburg 1989.
Schütte, Wolfram: Adorno in Frankfurt. Ein Kaleidoskop aus Texten und Bildern, Frankfurt 2003.
Steinert, Heinz: Adorno in Wien. Über die (Un-)Möglichkeit von Kunst, Kultur und Befreiung, Frankfurt 1989.
Theodor W. Adorno Archiv (Hrsg.): Adorno. Eine Bildmonographie, Frankfurt 2003.
Van Reijen, Willem: Adorno zur Einführung, 5. Aufl., Hamburg 1997.
Wiggershaus, Rolf: Die Frankfurter Schule, Reinbek bei Hamburg 2010.

Nachwort und Dank

Hat man sich gut 40 Jahre nach Adornos Tod wieder mit seinem Œuvre wie Wirken beschäftigt und tauchten in der Erinnerung wieder lange, bis in die fünfziger Jahre, zurückreichende Erfahrungen auf, so entsteht der Eindruck einer mehrschichtigen Zeitreise durch die zweite Hälfte des 20. Jahrhunderts wie die eigene Entwicklung. Die elementare Suggestion der Persönlichkeit ist bis heute geblieben. Anderes scheint mittlerweile in schon historische Distanz entrückt. Doch die Brisanz seiner Kulturkritik, die über die ästhetische Sphäre weit hinausging, ist grundsätzlich geblieben. Vieles in diesem Buch verdankt sich auch zahlreichen lebhaften, selbst kontroversen Gesprächen, Bestätigung wie Widerspruch. Dem Dialektiker Adorno gegenüber war dies alles andere als unangemessen.

Dass es mir gelang, dieses Buch fertig zu stellen, ist nicht zuletzt Dietburg Spohr zu danken, die mit nicht nachlassendem, liebevoll sanftem, gleichwohl heilsam insistierendem Druck mich immer wieder animierte, an der Sache zu bleiben und mich durch die Vollendung des Textes von gelegentlichen Zweifeln zu befreien. Auch Ulrike Jaspers hat mit ihrem Sachinteresse, ihrem Verständnis und ihrer empathischen Sorgfalt und Geduld ganz erheblich zum Gelingen beigetragen. Dank gebührt ebenfalls Dr. Michael Maaser und Wolfgang Schopf vom Archiv der Goethe-Universität für die Unterstützung bei der Bildbeschaffung.

Abbildungsnachweis

Theodor W. Adorno Archiv, Frankfurt (S. 26, 29, 33, 34, 40, 63, 85, 105, 145)
Archiv Dr. Jürgen Schebera, Berlin (S. 81, 175)
Akademie der Künster, Berlin, Bertolt-Brecht-Archiv (S. 161)
Hermann Brühlmeyer, Wien (S. 46)
dpa Picture-Alliance, Frankfurt (S. 115, 167)
Mara Eggert, Berlin (S. 21)
Internationales Musikinstitut Darmstadt (IMD) (S. 137)
Institut für Stadtgeschichte Frankfurt (S. 60)
Barbara Klemm, Frankfurt (S. 132, 154, 155)
Ilse Mayer-Gerken, Frankfurt (S. 16, 125)
Harald Meisert, Frankfurt (S. 121)
Stefan Moses, München (S.182)
Privatbesitz Jürgen Habermas, Starnberg (S. 118)
Privatbesitz Ludwig von Friedeburg, Frankfurt (S. 131)
Karl Prühäußer, Karikatur aus Eckard John, Musikbolschewismus, Stuttgart 1994, S. 232 (S. 61)
Max Scheler Estate, M. Scheler, Hamburg (S. 22)
Stiftung Preussischer Kulturbesitz, Bildarchiv, Abisag Tüllmann Archiv, Berlin (S. 124)
Erika Sulzer-Kleinemeier, Gleisweiler (S. 149)
Süddeutsche Zeitung Photo, München (S. 59)
Universitätsarchiv der Goethe-Universität Frankfurt (S. 39, 50, 51, 62, 64, 70, 71, 93, 108)
Universitätsbibliothek Johann Christian Senckenberg Frankfurt, Archivzentrum, Na1 Nachlass Max Horkheimer (S. 76, 104, 111)
Universitätsbibliothek Johann Christian Senckenberg Frankfurt, Handschriften- und Inkunabelabteilung (S. 24, 28, 32)
University Archives/Columbia Library, Columbia University (S. 66)
ullstein bild, Berlin (Titelbild, S. 90, 95)
Verwertungsgesellschaft Bild-Kunst, Bonn (S. 119)

Wir haben uns bemüht, die Inhaber der Urheber- und Nutzungsrechte für die Abbildungen zu ermitteln und deren Veröffentlichungsgenehmigung einzuholen. Falls dies in einzelnen Fällen nicht gelungen sein sollte, bitten wir die Inhaber der Rechte, sich an den Verlag bzw. die Goethe-Universität zu wenden. Berechtigte Ansprüche werden selbstverständlich abgegolten.

Fachbeirat

Prof. Dr. Notker Hammerstein
Prof. Dr. Dr. Matthias Lutz-Bachmann
Prof. Dr. Dres. h.c. Bertram Schefold
Prof. Dr. Horst Schmidt-Böcking
Prof. Dr. Dr. h.c. mult. Michael Stolleis
PD Dr. Helmut Wicht

Umschlaggestaltung: Ines von Ketelhodt, k und m design
Satz: Nicole Ehrlich, Societäts-Verlag
Druck und Verarbeitung: Kessler Druck + Medien GmbH, Bobingen
Printed in Germany

ISBN 978-3-95542-018-5